MEYERS

FORUM

Bassam Tibi
Das arabische Staatensystem

PROF. DR. BASSAM TIBI, geboren 1944 in Damaskus; Studium der Sozialwissenschaft, Philosophie und Geschichte in Frankfurt a. M., dort Promotion; Habilitation in Hamburg; seit 1973 Professor für Internationale Beziehungen und seit 1988 Leiter der Abteilung für Internationale Beziehungen am Seminar für Politikwissenschaft der Universität Göttingen. 1988–93 Research Associate an der Harvard University; 1986–88 mehrere Gastprofessuren in Afrika und Asien; Frühjahr 1994 Visiting Professor in Berkeley, Calif., und im Frühjahr 1995 an der Bilkent University in Ankara. Am 5. Oktober 1995 verlieh ihm der Bundespräsident Roman Herzog den Verdienstorden der Bundesrepublik Deutschland.
Veröffentlichungen u. a.: Die Krise des modernen Islams (³1991). – Der Islam u. das Problem der kulturellen Bewältigung des sozialen Wandels (³1991). – Conflict and War in the Middle East (1993). – Die fundamentalistische Herausforderung (²1993). – Die Verschwörung. Das Trauma arabischer Politik (²1993, aktuelle dtv-Ausg. 1994). – Im Schatten Allahs. Der Islam u. die Menschenrechte (1994, erw. Ausg. Serie Piper 1996). – Krieg der Zivilisationen. Politik und Religion zwischen Vernunft u. Fundamentalismus (1995). – Der wahre Islam. Der Islam von Mohammed bis zur Gegenwart (1996). – Weitere Veröffentlichungen siehe Literaturangaben am Schluß des Bandes.

MEYERS

FORUM

Bassam Tibi

Das arabische Staatensystem

Ein regionales Subsystem
der Weltpolitik

B.I.-Taschenbuchverlag
Mannheim · Leipzig · Wien · Zürich

MEYERS FORUM 41

Die Deutsche Bibliothek – CIP-Einheitsaufnahme
Tibi, Bassam: Das arabische Staatensystem: ein regionales Subsystem
der Weltpolitik /
Bassam Tibi. – Mannheim; Leipzig; Wien; Zürich:
BI-Taschenbuchverl., 1996
(Meyers Forum; 41)
ISBN 3-411-10631-X
NE: GT

Satz: pagina media gmbh, Hemsbach
Druck: Druckhaus Langenscheidt, Berlin
Bindearbeit: Schöneberger Buchbinderei, Berlin
Printed in Germany
ISBN 3-411-10631-X

Inhalt

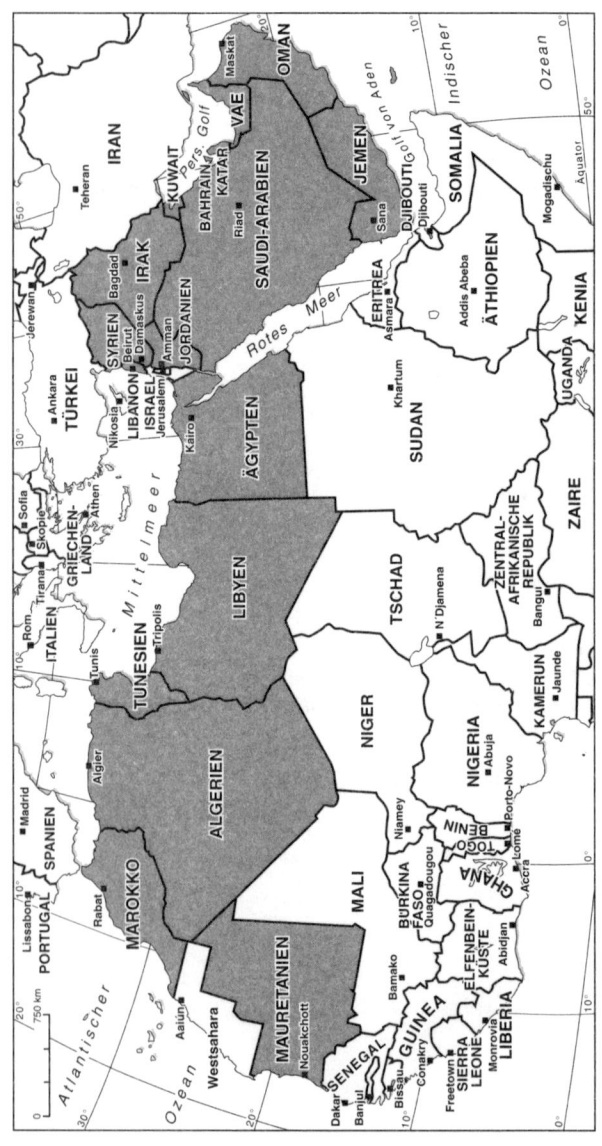

8

Vorwort

Die vorliegende Studie will in das arabische Staatensystem einführen und liefert zugleich eine Bestandsaufnahme und Analyse; sie ist jedoch aus einem größeren Projekt über Konfliktpotentiale im Nahen Osten als einer wichtigen Region der Weltpolitik hervorgegangen. Das arabische Staatensystem wird hier als
ein Subsystem der Weltpolitik und als zivilisatorische Staatengemeinschaft konzeptualisiert.

Die Arbeit an diesem Projekt wurde gleichermaßen in Kairo
(am al-Ahram Center und an der American University of
Cairo/AUC) und in Harvard (in den Jahren 1988–1993) betrie-
ben. Hieraus entstand zunächst die größere Studie ›Conflict and
War in the Middle East‹, die 1993 unter der Patronage des Harvard's Center for International Affairs in einer britischen (in
London) und einer amerikanischen Ausgabe (in New York) veröffentlicht wurde. Dieser Meyers Forum-Band entstand während meines Freisemesters im Winter 1995/96; er liefert im
Sinne der Konzeption der Reihe eine Gesamtschau über den
Gegenstand, stellt aber zugleich auch den Abschluß des gesamten Projekts dar. Um den Umfang der Reihe nicht zu sprengen,
mußte das Gesamtmanuskript entsprechend gestaltet werden.

Die nahöstlichen Konfliktformationen liegen in der Natur
des arabischen Staatensystems begründet. Diese für ein breites
Publikum geschriebene Studie stellt einen Versuch dar, dieses
System vorzustellen und zu erklären. Es handelt sich um ein
Staatensystem, dessen Grundeinheit, der souveräne Nationalstaat, der einheimischen Zivilisation der nahöstlichen Region
fremd ist, weil sie von außen, d. h. aus dem Westen in die Region eingeführt wurde. Dennoch hat diese im Rahmen der Globalisierung auch auf den Nahen Osten übertragene neue Institution im vergangenen halben Jahrhundert einige Wurzeln ge-
schlagen. Das Buch beginnt deshalb mit einer Analyse dieser
Grundeinheit des arabischen Staatensystems, die trotz der par-
tiellen Verwurzelung ein ›nomineller Nationalstaat‹ geblieben
ist. Ohne Zweifel gehört diese Handlungseinheit aber zu der
politischen Struktur der Region. Jeder Versuch, sie zu verändern, würde bestehende Konfliktpotentiale aktualisieren und
entsprechend bedrohliche gewaltförmige Auseinandersetzungen

hervorrufen. Auch die Umwelt – also auch Europa als Anrainer des Mittelmeers im Norden – wäre von dieser Gewalt betroffen. Jede Erschütterung bringt Migrationsschübe in Form von Flüchtlingen.

In unserer Gegenwart durchläuft das arabische Staatensystem eine Testphase, in der es einerseits eine Anpassung an die internationale Umwelt zu bewältigen hat, andererseits aber die lokal-regionalen Herausforderungen – vor allem den Ruf nach einer islamischen Ordnung als Alternative zu dem aus dem Westen eingeführten souveränen Nationalstaat – bestehen muß. Die Tatsache, daß das arabische Staatensystem ein Subsystem einer größeren, d. h. internationalen Ordnung ist, erklärt, daß die Folgen dieser Testphase nicht auf die arabische Welt beschränkt bleiben.

Meine Studie ist – aus der Perspektive der deutschen Universität – in dem Sinne häretisch, daß sie nicht primär für Fachkollegen geschrieben ist, sondern sich an das allgemein interessierte Publikum richtet und deshalb möglichst ohne Fachjargon allgemeinverständlich gehalten ist. Die Belohnung für diese Arbeit sehe ich darin, seit vielen Jahren eine große Leserschaft zu haben, auf die ich aufklärerisch wirken kann. Als Anerkennung meiner Wirkung in der deutschen Öffentlichkeit verlieh mir der Bundespräsident Professor Roman Herzog am 5. Oktober 1995 das Bundesverdienstkreuz erster Klasse, wofür ich unendlich dankbar bin.

Mein Dank gilt der Universität Göttingen für die Freistellung zur Anfertigung dieser Schrift sowie der Deutschen Forschungsgemeinschaft, die, trotz der Bedenken mancher Gutachter, in den vergangenen fünf Jahren – neben der Volkswagen-Stiftung – einen Teil meiner vielen Forschungsaufenthalte in Harvard und Kairo mit einer Reisebeihilfe gefördert hat. Die Endfassung dieser Studie habe ich von Dezember bis Februar 1995/96 – mit Unterbrechung über die christlichen Festtage – ebenso mit Förderung der DFG in Kairo abgeschlossen. Dort bin ich meinen Freunden und Kollegen vom al-Ahram Center for Political and Strategic Studies und von der American University of Cairo/AUC zu Dank verpflichtet. Besonders Dan Tschirgi/AUC, mit dem zusammen ich zwei Studien angefertigt habe (vgl. Bibliographie), gehört mein herzlicher Dank. Frau Marianne Strzysch, die nach ihrer Lektüre meines FAZ-Essays über das arabische Staatensystem (FAZ vom 27. Oktober 1992) Kontakt zu mir aufnahm, gebührt mein herzlicher Dank für dieses zweite Projekt der Reihe Meyers Forum. In Göttingen bin ich besonders meiner Mitarbeiterin, Frau Anke Ringe, und meiner Assistentin Daniela Heuer, M.A., unendlich dankbar. Beide standen mir unermüdlich durch Eingabe aller Fassungen in den Computer sowie durch die Vornahme stilistischer Verbesserungen und aufwendiges Redigieren – bes. durch D. Heuer – der wiederholt überarbeiteten Kapitel dieser Studie zur Seite. Während des Ramadan in Kairo fand ich die erforderliche Ruhe, um konzentriert die Endfassung des Manuskripts herzustellen.

Kairo, Ramadan-Mitte/Anfang Februar 1996   Bassam Tibi

Erster Teil
Die konzeptuellen Grundlagen: Voraussetzungen für das Verständnis des arabischen Staatensystems

Einführung

Die arabische Welt ist vom Islam geprägt und zugleich das kulturelle Zentrum der islamischen Zivilisation. Der Begriff ›arabische Welt‹ ist eine westliche Bezeichnung für den südlichen und östlichen Mittelmeerraum; sie unterstellt, daß jene Region eine Welt für sich sei. Zur Zeit der Entstehung der westlichen Zivilisation kannte man den Begriff der ›arabischen Welt‹ noch nicht. Vielmehr gehörte diese arabische Region der Sphäre an, die die Muslime *Dar al-Islam*/Haus des Islam nennen. Der Historiker Geoffrey Parker zeigt, wie der ›Aufstieg des Westens‹ mit der Entfaltung einer industriellen Waffentechnologie zusammenhing, die die ›militärische Revolution‹ (1500−1800) ermöglicht hat (PARKER, 1989). Zusammen mit den geographischen Entdeckungen hat diese Revolution einen Prozeß ausgelöst, den die Historiker ›Die europäische Expansion‹ nennen (REINHARD, 4 Bde., 1983−1990).

Die ›arabische Welt‹ als ›Orient‹ ist in gewisser Hinsicht ein Produkt der europäischen Expansion (SAID, 1981, dazu TIBI, 1984a). Die heute von Schuldgefühlen geplagten, in früheren Jahrhunderten jedoch aggressiv und ohne Bedenken erobernden Europäer kolonisierten die südlichen und östlichen Teile des Mittelmeerraums, die von Arabisch sprechenden Völkern besiedelt waren und noch sind. Ob dies die europäische Rache für die arabisch-islamische Expansion (7. bis 10. Jh.) mittels des *Djihad*/heiliger Krieg war, als die historische Lage genau umgekehrt aussah, sei dahingestellt; das ist nicht Gegenstand unserer Untersuchung. Im Zeitalter der Dekolonisation formierten sich im Rahmen der Globalisierung aus den alten europäischen Kolonien neue Staaten. Dieser historische Prozeß schloß die Übertragung des europäischen Staatenmodells des Nationalstaates (GIDDENS, 1987) auf nicht-westliche Zivilisationen ein. Damit vollzog sich die globale Expansion der in ihrem Ursprung europäischen Staatengemeinschaft (BULL u. WATSON, 1984). In der

Fachliteratur wird das internationale System der Nationalstaaten als internationale Staatengesellschaft bezeichnet (WATSON, 1992).

Jede Beschäftigung mit dem arabischen Staatensystem ohne Kenntnis dieses globalhistorischen Rahmens muß lückenhaft bleiben. Die Anfänge des arabischen Staatensystems gehen auf die historische Periode zwischen den beiden Weltkriegen zurück, als die ersten arabischen, im völkerrechtlichen Sinne souveränen Nationalstaaten gebildet wurden: Ägypten, Irak und Saudi-Arabien. Alle drei Staaten formierten sich seinerzeit als Monarchien. Arabische Politik wurde somit zunächst von Königen getragen, die ihrerseits im Rahmen der neuen Staatlichkeit zwischen Islam, Panarabismus und Lokal-Nationalismus hin- und herpendelten. Diese drei Identitätsmuster konkurrieren seitdem um die Vormachtstellung in der Region.

Sowohl die hier genannten drei Staaten als auch jene, die ihre Unabhängigkeit vom europäischen Kolonialismus erst nach dem Zweiten Weltkrieg erlangten, waren nur im völkerrechtlichen Sinne souveräne Nationalstaaten. Im folgenden *ersten Kapitel* wird gezeigt, daß der arabische Staat durch seine schwache Institutionalisierung ein ›nomineller Nationalstaat‹ geblieben ist, d. h. von Nationalstaatlichkeit nur dem Namen nach zu sprechen ist. Der nominelle Nationalstaat verfügt zwar formal über interne und externe Souveränität, nicht aber über eine institutionelle Staatlichkeit (TIBI, 1990). In den sich formierenden arabischen Staaten hat sich keine arabische Spielart der Moderne entwickelt; unterhalb der nur an der Oberfläche gebliebenen, von außen eingeführten Moderne haben die alten Strukturen in einer neuen Gestalt, die Hisham Sharabi *Neopatriarchy* nennt, überlebt (SHARABI, 1988).

Mit der Bildung der Arabischen Liga (1945) als einer regionalen Organisation (MACDONALD, 1965) entstand auch formell ein arabisches Staatensystem, dessen Mitglieder unterschiedliche Regierungsformen haben. Das *zweite Kapitel* liefert eine Typologie, die, erweitert um konzeptuelle Ergänzungen, zum Verständnis des arabischen Staatensystems beitragen soll.

Die Arabische Liga ist der Ideologie des Panarabismus in ihrer Satzung verpflichtet. Diese Ideologie war eine der Quellen der Instabilität dieses Staatensystems. Der Grund hierfür ist, daß der Panarabismus die bestehenden arabischen Staaten nur als Übergangsgebilde anerkennt; sie befinden sich demnach in einem Vorstadium zur Bildung des anvisierten panarabischen Staates. Arabische Staaten haben also keine Berechtigung zu einer dauerhaften Existenz. Aus diesem Grund heißen sie *Daula Qitriyya*/regionaler Staat und nicht *Daula Qaumiyya*/Nationalstaat. Die völkerrechtlich als Nationalstaaten zu qualifizierenden Grundeinheiten des arabischen Staatensystems hatten auf diese Weise sowohl eine schwache Institutionalisierung (nominelle innere Souveränität) als auch eine ebenso schwache staatliche Legitimität (nominelle äußere Souveränität). Dieser Zustand existierte schon vor der gegenwärtigen Krise, in deren Verlauf der arabische Nationalstaat von islamischen Fundamentalisten als *Hall Mustawrad*/importierte Lösung delegitimiert wird.

Kapitel 1:
Der arabische Nationalstaat ist durch seine schwache Institutionalisierung ein nomineller Nationalstaat

Jede Zivilisation hat ihre eigene Staatstradition (TIBI, 1995a, Kap. 1). Die europäische Expansion und die in diesem Zusammenhang stehende, in der Einführung angesprochene Globalisierung des westlich geprägten Staatensystems haben den souveränen modernen Nationalstaat jedoch zu einem globalen Modell erhoben.

Was heißt Nationalstaat?

Unter dem modernen Nationalstaat wird allgemein – und auch in diesem Buch – ein politisches Gebilde verstanden, dem das Prinzip der Souveränität und der Volkssouveränität zugrunde liegt (JAMES, 1986). Entsprechend wird der Nationalstaat von Institutionen getragen, die den Volkswillen repräsentieren. Eine Nation im modernen Sinne entspricht nicht, wie man in Deutschland gemeinhin annimmt, einer durch gemeinsame Abstammung verwandten Bevölkerung. Das Gebilde der Nation ist vielmehr ein politisches Gemeinwesen, das durch *citizenship/citoyennité* (diese Begriffe haben andere Implikationen als der deutsche Begriff ›Staatsbürgerschaft‹; *citizen/citoyen* ist ein politischer Bürger eines Gemeinwesens, unabhängig von der Abstammung) und Anerkennung eines demokratischen Konsenses eine Kommunikationsgemeinschaft bildet (GIDDENS, 1987, Kap. 8; K.W. DEUTSCH, 1966, Kap. 3).

Souveräne Staatlichkeit ist ein ursprünglich europäisches Staatsmodell, das aber, erhoben zur Organisationseinheit in der internationalen, zwischenstaatlichen Interaktion, globalisiert wurde. Souveräne Nationalstaaten bilden die in den Vereinten Nationen organisierte internationale Staatengemeinschaft. Die Globalisierung bezieht sich auf die Form, nicht auf die Substanz. Aus diesem Grund werden die neuen Staaten in Asien und Afrika in der Fachliteratur als ›Quasi-Staaten‹ (R. JACKSON, 1990) bezeichnet.

Ein Blick auf unseren spezifischen Gegenstand, das arabische Staatensystem, zeigt, daß alle arabischen Staaten UN-Mitglieder sind und somit die Regel der gegenseitigen Akzeptanz der Souveränität aller Nationalstaaten anerkennen, zu denen sie völkerrechtlich gehören. Die Häufigkeit der Grenzkonflikte sowie ein Blick unter die völkerrechtliche Oberfläche der Souveränität verraten jedoch, daß die arabischen Staaten tatsächlich nur dem Namen nach Nationalstaaten in dem soeben erläuterten Sinne sind. Aus diesem Grund und nicht zuletzt auch deshalb, weil ihnen kein demokratisches Gemeinwesen und keine institutionelle Staatlichkeit zugrunde liegen, werden sie in diesem Buch als ›nominelle Nationalstaaten‹ bezeichnet. Die Ethnizität, d. h. die ethnische und stammesbezogene Loyalität gegenüber einer ›Wir-Gruppe‹ (vgl. allg. A. SMITH, 1986; über arab. Länder ESMAN u. RABINOVICH, 1988) ist in den arabischen Staaten entscheidender als die Staatsbürgerschaft im Sinne von *citizenship/citoyenneté* (TIBI, 1990). Zu einem großen Teil hängen die Nominalität und die Labilität arabischer Staaten mit ihrem sehr niedrigen Grad der Institutionalisierung zusammen. Das ist die These dieses einleitenden Kapitels.

Die westlichen Sozialwissenschaften werden bei der Bestimmung des modernen Staates von vier Konzepten über die politische Entwicklung dominiert. Diese sind: 1) Rationalisierung, 2) Integration, sprich Nationsbildung, 3) Demokratisierung (im Sinne von Zivilgesellschaft) und Pluralität sowie schließlich 4) Mobilisierung, d. h. politische Beteiligung und Kommunikation unter allen Bevölkerungsteilen. Läßt sich der moderne Staat im arabischen Orient mit diesen Konzepten erklären? Wir wissen bereits, daß dieser Staat eine Übertragung des westlichen Modells auf eine Zivilisation darstellt, in der die Grundlagen der angeführten Konzepte fehlen. Besonders schwerwiegend ist hierbei der niedrige Institutionalisierungsgrad der arabischen Staaten. Das Konzept der Institutionalisierung eignet sich aus diesem Grund besonders, um die Schwachstellen, die der Übertragung und vor allem der Umsetzung des modernen Nationalstaaten-Modells im arabischen Orient im Wege stehen, zu finden.

Die angeführten vier Konzepte, vor allem der Mobilisierungsansatz, beleuchten Teilaspekte, können jedoch eine zentrale Dimension der politischen Entwicklung nicht erklären. Entwicklung läßt sich nicht allein durch soziale Indikatoren über Urbanisierung, Industrialisierung, Schulbildung sowie den Wertewandel (von der Tradition zur Moderne) erfassen. Entwicklung findet auch als politischer Prozeß statt, den die genannten Ansätze nicht zu durchdringen vermögen. Aus dieser Perspektive muß die Problematik der Institutionalisierung des modernen Staates im Zentrum dieses Buches über das arabische Staatensystem stehen. Dieses einleitende Kapitel beginnt deshalb mit einer Erläuterung dieses Konzepts, das als Erklärungsmuster heranzuziehen ist. Wichtig dabei ist der Bezug auf unseren spezifischen Gegenstand, das arabische Staatensystem.

Das Erklärungsmuster:
Die politische Theorie der Institutionalisierung

Das Konzept der politischen Entwicklung als Institutionalisierung bietet einen Rahmen, mit dessen Hilfe die Entwicklung politischer Systeme untersucht werden kann. Huntington hat in seinem frühen Werk ›Political Order in Changing Societies‹ (HUNTINGTON, 1968) die Grundzüge dieses Konzepts entwikkelt, die hier − skizzenhaft − vorgestellt werden sollen.

Im Unterschied zu den frühen Ansätzen westlicher Sozialwissenschaften ist das Konzept der Institutionalisierung dadurch charakterisiert, daß es den traditionell evolutionistischen Rahmen überwindet, wonach die Entwicklung linear und fortschrittsgläubig betrachtet wird. Die bisherigen Konzepte weisen sich aus durch eine ›so eindeutige Festlegung auf die Theorie des Fortschritts …, daß sie ein Konzept des politischen Verfalls‹ (HUNTINGTON, 1973: 265) ausschließen. Fortschritt besteht demnach darin, die westliche Entwicklung auf- und nachzuholen. Heute wissen wir jedoch, daß Entwicklung keineswegs linear verläuft, sondern auch Rückschritte und Verfallserscheinungen umfaßt. Gerade in unserer Zeit können wir die dramatischen Formen des Verfalls des übernommenen westlichen Staatenmodells in Asien und Afrika beobachten (KAPLAN, 1994).

Ein Hinweis auf die Beispiele Irak, Algerien und Sudan (TIBI, 1993a, Kap. 3, 7 u. 9) genügt, um diese Aussage zu stützen. Der Verfall von Staatlichkeit hängt auch mit der Schwäche der politischen Institutionen in den betroffenen Staaten zusammen. Der Grad der Institutionalisierung läßt sich nach Huntington durch 1) Anpassungsfähigkeit (*adaptability*), 2) Komplexität, 3) Autonomie sowie 4) Kohärenz der Organisationen und Verfahrensweisen des jeweiligen politischen Systems messen.

Anpassungsfähigkeit: Jeder Staat ist eine soziale Organisation. Diese kann starr oder anpassungsfähig sein. Der erreichte Grad der Institutionalisierung eines Staates bestimmt seine Fähigkeit, sich veränderten Situationen des sozialen Wandels anzupassen.

Komplexität: Eine Organisation kann entweder einfach und monolithisch sein oder eine differenzierte Gliederung in Unterorganisationen haben. Die innere Differenzierung der politischen Institutionen in einem System bringt den Grad der Komplexität zum Ausdruck. In diesem Sinne ist Staatlichkeit in der Institutionalisierung eines politischen Systems begründet. Je komplexer, also weniger persönlich ein politisches System ist, um so höher ist der Grad der Institutionalisierung. Mit anderen Worten: Die Komplexität schließt eine Personifizierung der Macht in einer sozialen Organisation aus. Das Gegenteil hiervon begegnet uns in den arabischen Staaten, wo die Macht stets personifiziert ist. Der Herrscher, heiße er nun Saddam Hussein oder Muammar al-Qadhafi, ist die Verkörperung des Staates selbst; er ist kein Amtsinhaber, wie z. B. der deutsche Bundeskanzler oder der französische Staatspräsident, sondern die staatliche Macht in Person.

> ›Das einfachste, aber auch am wenigsten stabile politische System ist ein solches, das von einem einzigen Individuum abhängt‹ (HUNTINGTON, 1973: 271).

Daß dem Sturz des Schahs im Iran 1979 der Zusammenbruch seines ganzen politischen Systems folgte, illustriert diese Aussage. Iran ist zwar kein arabischer Staat, aber er gehört zu den nahöstlichen, schwach institutionalisierten Staaten.

Autonomie: Eine institutionalisierte soziale Organisation muß auch autonom sein; ihre Verfahrensweisen müssen unabhängig und eigenständig sein. Korruption ist ein Merkmal der fehlenden Autonomie sozialer Organisationen. Auch

> ›in dem Maße, wie Politiker durch ein paar Soldaten gestürzt oder mit Hilfe einiger Dollars beeinflußt werden können, fehlt Organisationen und Verfahrensweisen die Autonomie‹ (ebd.: 273).

In einem institutionalisierten Staat können autonome Institutionen — wie z. B. Parlament und Gerichte — über den Herrscher bestimmen. In den schwach institutionalisierten arabischen Staaten gibt es dagegen keine Institutionen, die gegenüber dem Herrscher autonom handeln können.

Kohärenz: Anerkannte Spielregeln und Konsensbildung sind Ausdruck der Kohärenz eines politischen Systems. Die Konfliktfähigkeit ist ein zentrales Merkmal stabiler, institutionalisierter politischer Systeme, in denen ein allgemein anerkannter Konsens über die funktionalen Gruppengrenzen und Konfliktmechanismen vorherrscht. Dagegen deuten die gewaltsamen Konfliktaustragungen, die im arabischen Staatensystem den Alltag bestimmen, auf das Fehlen eines solchen Konsenses hin. Die Macht liegt hier jeweils in den Händen einer Wir-Gruppe (z. B. Takritis im Irak, Alawiten in Syrien), ein *power sharing*, d. h. eine Teilung der Macht mit anderen Gruppen, gibt es nicht. Ein Präsident kann nur durch Tod (natürlich oder gewaltsam) abgelöst werden.

In seiner Herrschaftstypologie hat Max Weber zwischen traditioneller, charismatischer und legaler Herrschaft unterschieden. ›Legale Herrschaft kraft Satzung‹ heißt die Formel bei Weber. Genau bedeutet dies:

> ›... gehorcht wird nicht der Person ..., sondern der gesatzten Regel ... Der Typus des Befehlenden ist der 'Vorgesetzte', dessen Herrschaftsrecht durch gesatzte Regel legitimiert ist, innerhalb einer sachlichen 'Kompetenz'‹ (WEBER, 1964[3]: 152).

In einem institutionalisierten System darf der Herrscher nicht schalten und walten, wie es ihm gefällt; er ist an Regeln gebunden und dadurch in seiner Herrschaft eingeschränkt. Legale Herrschaft schließt somit Despotie und Willkür aus. Bei einer charismatischen Herrschaft fehlt dagegen eine solche Institutionalisierung der Macht, wie Weber zeigt:

> ›Ganz ausschließlich dem Führer, rein persönlich um seiner persönlichen, unwerktäglichen Qualitäten willen, wird gehorcht, nicht wegen gesatzter Stellung ... Der Verwaltungsstab ist ausgelesen nach Charisma und persönlicher Hingabe ...‹ (ebd.: 159).

Folgt man Max Weber, dann ist legale Herrschaft an Gesetzesnormen gebunden und somit institutionalisiert. Dagegen ist eine personifizierte Führung Ausdruck eines sehr niedrigen Grades an Institutionalisierung. Nach Huntington

> ›zeigt sich der Niedergang der Parteiorganisationen an dem Auftauchen charismatischer Führer, die die Macht personifizieren und sol-

che Institutionen, die ihre Macht beschneiden könnten, schwächen‹ (HUNTINGTON, 1973: 277).

In den arabischen Staaten gibt es keine Kontrollen für die Einhaltung von Regeln, die die willkürliche Herrschaftsausübung unterbinden könnten. Personifizierte Herrschaft im arabischen Staatensystem kann traditionell (Marokko und Saudi Arabien; vgl. Kap. 5) oder charismatisch mit modernem Anstrich (Nassers Regime in Ägypten; vgl. Kap. 6) sein. Huntington hebt hervor:

> ›Charismatischen Führern widerstrebt es, Parteikontrolle an die Stelle ihrer persönlichen Kontrolle zu setzen. Militäroffiziere sind meist noch stärker gegen Parteien eingestellt‹ (ebd.: 290).

Personifizierung der Macht ist bei weitem keine spezifische Eigenart des arabischen Staatensystems, sondern kennzeichnet die Politik in den meisten Staaten Asiens und Afrikas, die nur einen niedrigen Grad der Institutionalisierung der Herrschaft erreicht haben. In entwickelten Systemen ist dagegen eine funktionale Herrschaftsausübung, die – wie erläutert – in anpassungsfähigen, komplexen, autonomen und kohärenten Institutionen stattfindet, charakteristisch.

Wenn soziale Organisationen als Institutionen des politischen Systems in dem obigen Sinne anpassungsfähig, komplex, autonom und kohärent, also institutionalisiert sind, dann sind ihre Interessen nicht partikular. In demokratischen Systemen sind die institutionellen Interessen mit den öffentlichen identisch, also ›das höchste Gut‹ – *summum bonum*. Dieses Merkmal schließt wiederum personifizierte Macht aus, weil in ihr individuelle – nicht öffentliche – Interessen zum Ausdruck kommen. In diesem Sinne schließt Institutionalisierung nicht nur charismatische Führung, sondern auch Autokratie und persönliche Diktatur aus. Um Mißverständnissen vorzubeugen: Die arabo-islamische Zivilisation ist durchaus mit der Norm der Bindung der Herrschaft an Regeln vertraut. Wie aber der arabische Historiker Abdulaziz al-Duri richtig feststellt, fehlte es stets an Institutionen, die die Einhaltung solcher Normen nicht nur kontrollieren, sondern auch gewährleisten konnten (AL-DURI, 1983: 196f.).

Nach der Entkolonialisierung wurde in den westlichen Sozialwissenschaften eine Diskussion über Entwicklung und Modernisierung geführt. Dabei wurde nicht berücksichtigt, daß Modernisierungsprozesse ohne die parallele Bildung von Institutionen zum politischen Verfall führen. Denn Modernisierung setzt Kräfte frei, die die traditionellen Institutionen, die sich hierbei ohnehin auflösen, nicht auffangen können. Ohne die Bildung von Institutionen ist Verfall im politischen System die unausweichliche Folge von Modernisierung.

Wenn Modernisierung durch ›Reformmonarchen‹ oder einen ›Revolutionskaiser‹ erfolgt, dann bedeutet dies

> ›die Schwächung oder Zerstörung der traditionellen Repräsentativorgane, welche das auch immer sein mögen, und kompliziert damit die Assimilierung der durch die Modernisierung freigesetzten Kräfte noch mehr. Die Machtkonzentration macht das traditionelle Regime … auch anfälliger für gewalttätigen Umsturz. Die Anfälligkeit eines traditionellen Regimes für Revolutionen steht in direktem Verhältnis zu seinen Modernisierungsfähigkeiten‹ (HUNTINGTON, 1973: 287).

Die Entwicklung im despotisch regierten Irak unter Saddam Hussein (TIBI, 1993a, Kap. 3 u. 6) illustriert diese These und untermauert sie zugleich. Das politische System der *Ba'th*-Partei im Irak beruht auf der persönlichen Konzentration der Macht, die nur durch Repression – mit Hilfe der Geheimdienstapparate – bisher hat aufrechterhalten werden können (AL-KHALIL, 1989, Kap. 1). Die politischen Systeme der *Ba'th*-Parteien in Syrien und im Irak haben keinerlei institutionelle Basis. Partei und Staat sind mit der Person des Herrschers identisch, der somit keinerlei Kontrolle unterliegt und nicht zur Rechenschaft gezogen werden kann.

Von der Tradition zur ›praetorianischen Gesellschaft‹

In den arabischen Ländern unserer Gegenwart finden sozialer Wandel und politische Veränderungen unter den Bedingungen der Globalisierung statt. Traditionelle Ordnungen zerfallen, ohne daß moderne ihren Platz einnehmen. In diesem Kapitel möchte ich den Begriff der ›praetorianischen Gesellschaft‹ übernehmen und ihn für die Beschreibung arabischer ›neo-patriarchalischer Gesellschaften‹ (SHARABI, 1988) heranziehen, die an die Stelle der aufgelösten traditionellen Sozialordnungen treten.

Mit Ausnahme der ›Tiger‹ Ost- und Südostasiens sind die meisten afrikanischen und asiatischen Gesellschaften durch sozioökonomische Rückständigkeit gekennzeichnet. Ihre politischen Systeme sind institutionell schwach entwickelt. Das Fehlen funktionaler, d. h. an Normen gebundener und nicht personenabhängiger Institutionen geht mit einem hohen Grad an Politisierung einher. Im arabischen Staatensystem sind die Militärs Träger der ›praetorianischen Ordnungen‹. Sie stellen aufgrund ihrer modernen Organisation und ihres Zugangs zu den Mitteln, mit deren Hilfe sie traditionelle Ordnungen durch Putsche stürzen können, unter den politisierten Gruppen die relevanteste politische Elite dar (TIBI, 1973). Während die Militärs in institutionalisierten Systemen entwickelter Gesellschaften nur funktionale Aufgaben haben, bestimmen sie in unterentwickelten Gesellschaften über die Verteilung der Macht im gesamten politischen System. In den arabischen Staaten gilt beispielsweise auch nicht der Primat der Politik gegenüber den Militärs. Die hohe Politisierung und die Intervention des Militärs in die Politik sind auf das Fehlen konfliktregulierender, zwischen den Bevölkerungsteilen vermittelnder Institutionen zurückzuführen; ein Konsens über anerkannte Spielregeln der Konfliktregulierung fehlt völlig. Huntington nennt diese Gesellschaften *praetorian societies*. In diesem Zusammenhang steht der Begriff des ›Praetorianismus‹, den ich im folgenden verwenden möchte.

In Huntingtons Worten läßt sich der Sachverhalt so darstellen:

> ›In einer praetorianischen Gesellschaft stehen sich widerstreitende soziale Gruppierungen direkt gegenüber; weder politische Institutionen, noch professionelle politische Führer werden anerkannt oder als legitimierte Vermittler zur Abschwächung von Gruppenkonflikten akzeptiert‹ (HUNTINGTON, 1968: 196).

Diese direkte Konfrontation der Konfliktpartner ohne abschwächende institutionelle Vermittlung führt zur direkten Aktion. Aufgrund des fehlenden Konsenses erfolgt die Konfliktaustragung ohne die notwendigen Spielregeln und somit − vor allem bei einem Machtwechsel − durch Gewalt. Ohne effektive Institutionen ist die politische Macht fragmentiert und die Autorität transitorisch; sie kann leicht gewonnen, aber ebenso leicht auch wieder verloren werden. Unter diesen Bedingungen ist die Loyalität an Personen und nicht an die jeweilige Institution gebunden, denn die Autorität wird *ad personam* ausgeübt und ist somit weder institutionell noch funktional.

In Huntingtons Theorie der Institutionalisierung politischer Systeme wird zwischen drei Stadien des Praetorianismus unterschieden: 1) dem oligarchischen, 2) dem radikalen und 3) dem Massenpraetorianismus.

Der *oligarchische Praetorianismus* wird von den Großgrundbesitzern, der Geistlichkeit und dem traditionellen Heer getragen. Als Beispiel hierfür aus dem arabischen Staatensystem kann die königliche Herrschaft der Alawi-Dynastie in Marokko (vgl. Kap. 5) angeführt werden. Diese sunnitischen Alawis sind nicht zu verwechseln mit den syrischen Alawiten, die zur *Schi'a* gehören. Die Königsfamilie ist hier zugleich Inhaber von Grund und Boden. Ein anderes Beispiel ist die Monarchie Saudi-Arabiens. Der Clan der Saudis gab dem Land seinen Namen: Ihm gehört das Land mit all seinen Erdölvorkommen.

Der *radikale Praetorianismus* markiert den Aufstieg der Mittelklasse, und der *Massenpraetorianismus* beinhaltet das Aktivwerden vor allem der ländlichen Unterschichten. Während soziale Konflikte im oligarchischen Praetorianismus die Form von Auseinandersetzungen zwischen personengebundenen oder familienbezogenen Cliquen und Clans annehmen, finden sie im radikalen Praetorianismus zwischen politischen Eliten und Berufsgruppen statt. Im Massenpraetorianismus dominieren dagegen Konflikte zwischen verschiedenen sozialen Schichten.

In einer traditionellen Gesellschaft, die nicht ›praetorianisch‹ geprägt ist, gibt es zwar auch keine Institutionen, aber doch anerkannte Autorität. Die Unterhöhlung der Traditionen bzw. der Sturz traditioneller Ordnungen führt zur Entstehung von ›praetorianischen Gesellschaften‹, in denen pure Macht die traditionelle Autorität ersetzt. Aus diesem Grund sind Ordnungen solcher Gesellschaften instabil.

Politische Instabilität im arabischen Staatensystem resultiert somit aus dem hohen Politisierungsgrad sozialer Konflikte. Um Mißverständnissen vorzubeugen, ist es wichtig zu betonen, daß diese Feststellung sich nicht auf die demokratischen Formen der Politisierung und der politischen Beteiligung bezieht, sondern lediglich darauf, daß hohe Politisierung in einem schwach institutionalisierten System − ohne vermittelnde Instanzen − politische Instabilität hervorruft. In einem institutionalisierten System kann sich politische Beteiligung dagegen primär verfestigend auswirken. Es ist mir bewußt, daß der hier zur Deutung der Institutionalisierungsschwäche in arabischen Staaten herangezogene Ansatz der politischen Entwicklung nicht alles erklären kann (zur Kritik daran vgl. TIBI, 1980: 24−26), doch erweist er sich hier als hilfreich.

Können Parteien als institutionelles Vehikel für die Entwicklung von der ›praetorian society‹ zur Zivilgesellschaft wirken?

Die im unterschiedlichen Maße institutionelle Unterentwicklung der politischen Systeme der meisten arabischen Länder führt zu Formen der soeben beschriebenen politischen Instabilität. Mit anderen Worten: Unterentwicklung bezieht sich nicht nur auf die sozioökonomische Rückständigkeit der jeweiligen Institutionen. Wirtschaftliche Modernisierung setzt gesellschaftliche Potentiale frei, zu deren Integrierung der erforderliche institutionelle Rahmen fehlt. Diese Beobachtung führt zu der Erkenntnis, daß Unterentwicklung nicht auf das sozioökonomische Erscheinungsbild eingeengt werden darf. Entwicklung impliziert beides: den Aufbau von Institutionen (*institution building*) und die sozioökonomische Transformation deformierter Sozialstrukturen der Unterentwicklung. Eine Zivilgesellschaft hat eine vom Staat unabhängige institutionelle Sphäre, die die Autonomie der individuellen Mitglieder der Gesellschaft garantiert (SELIGMAN, 1992, Kap. 3). In diesem Sinne gibt es im arabischen Staatensystem keine Zivilgesellschaften.

Nun stellt sich die Frage: Wie soll Institutionenbildung erfolgen? Eine politische Partei könnte die wichtigsten Voraussetzungen für die geforderten Institutionen erfüllen, da Parteienentwicklung den besten Weg zur Überwindung des Praetorianismus verspricht. Hier lassen sich zwei Hypothesen aufstellen:

Erstens: Je früher die Institutionalisierung beginnt, desto erfolgversprechender ist sie. Eine Zunahme der Komplexität der Gesellschaftsstrukturen bei gleichzeitigem Fehlen einer entsprechenden institutionellen Entwicklung macht die Institutionalisierung dagegen schwieriger.

Die *zweite* Hypothese betrifft den sozialen Träger der Institutionalisierung. Huntington hält die Mittelklasse für das fähigste gesellschaftliche Subjekt einer solchen sozialen Entwicklung; er schließt die Möglichkeit einer Institutionalisierung unter den Bedingungen einer charismatischen Führung aus:

›Institutionalisierung der Macht bedeutet die Einschränkung der Macht, die der charismatische Führer sonst persönlich und willkürlich ausüben würde. Der angehende Gründer von Institutionen benötigt persönliche Macht, um Institutionen ins Leben zu rufen, aber dies ist ohne die Aufgabe von persönlicher Macht nicht möglich. Institutionelle Autorität ist der charismatischen Autorität entgegengesetzt, und charismatische Führer bringen sich selbst zu Fall, wenn sie versuchen, dauerhafte Institutionen der öffentlichen Ordnung aufzubauen‹ (HUNTINGTON, 1968: 238f.).

Diese Argumentation ähnelt der Max Webers. In diesem Buch wird unter Bezugnahme auf Weber und Huntington gezeigt, daß eine Personifizierung der Macht, so wie sie in den arabischen Staaten vorherrscht, im Widerspruch zur Institutionalisierung steht (vgl. Kap. 6). Die neuere arabische Geschichte läßt sich tatsächlich − ähnlich wie der arabo-amerikanische Politikwissenschaftler Majid Khadduri das tut (KHADDURI, 1973) − als Biographiensammlung darstellen.

Der Prozeß der Institutionalisierung erfordert sowohl die Harmonisierung der urbanen mit den ruralen Interessen als auch den Aufbau neuer politischer Institutionen. Programmatisch im Sinne von politischen Maßnahmen lassen sich beide Voraussetzungen in die Forderung nach sozialen Reformen, z. B. nach einer umfassenden Agrarreform, und nach dem Aufbau politischer Institutionen, z. B. von politischen Parteien, übersetzen.

Die von Huntington vertretene Auffassung, daß die Mittelklasse der geeignetste Träger der politischen Entwicklung ist, stützt sich auf die Annahme, daß jede Entwicklung eine soziale Basis haben muß. In den westlichen Sozialwissenschaften der 60er Jahre wurde die Position vertreten, daß die moderne politische Elite des Militärs die angeführten Aufgaben, u. a. eine Agrarreform und den Aufbau politischer Institutionen, erfüllen kann (TIBI, 1973). Am Beispiel Ägyptens (vgl. Kap. 6) werde ich im dritten Teil die Parteienentwicklung unter der Militärherrschaft untersuchen und diese Annahme überprüfen. Aus der Retroperspektive ist es heute leicht zu sagen, daß die anstehenden Aufgaben von den Militärs nicht gelöst worden sind; ihr Erbe wiegt schwer.

Die meisten militärischen Staatsstreiche finden vor dem Hintergrund traditioneller, korrupter oder oligarchischer politischer Ordnungen statt. In allen arabischen Staaten, in denen Militärs die politische Macht erobert haben, haben sie ihre Intervention in die Politik als Revolte gegen eine korrupte Parteienherrschaft gerechtfertigt. Nun ist Korruption, wie in diesem Kapitel argumentiert wird, ein Korrelat zur fehlenden institutionellen Autonomie. Im Lichte dieser Erkenntnis wird klar: Korruption läßt sich nicht allein durch die Beseitigung der korrupten Politiker, sondern nur durch den Aufbau autonomer Institutionen überwinden. Die Militärs setzen die zu Recht angeprangerte Korruption einer Clique bestechlicher Politiker jedoch mit der Korruption politischer Parteien schlechthin gleich. Ihre Abneigung gegen politische Parteien wird vor diesem Hintergrund verständlicher. Wie das ägyptische Beispiel zeigt, versuchen die Militärs aber dennoch, eine Institutionalisierung in Gang zu setzen. Es ist jedoch leicht zu erkennen, daß die von den Militärs aufgebauten Parteien selten den Anforderungen einer Institution gerecht werden (vgl. Kap. 6). Der Aufbau von politischen Organisationen im Rahmen eines Einparteienregimes entspricht noch lange keinem Prozeß des *institution building*. Solche nationalen Sammelbecken dienen weder der Verteilung der Macht, noch der Einbindung neu freigesetzter sozialer Kräfte – den wichtigsten Aufgaben einer Institution. Dieses Problem kann man in den meisten Staaten des arabischen Staatensystems beobachten.

Wenn Parteien als organisatorischer Rahmen der Institutionalisierung angegeben werden, dann muß folgerichtig die Frage nach dem Charakter des politischen Systems gestellt werden: Ist es ein Ein- oder ein Mehrparteiensystem? Der kanadische Demokratietheoretiker Macpherson hat in Zeiten der Dritte-Welt-Euphorie zwischen drei Formen der Demokratie unterschieden, zu denen auch ›die nicht-liberale Variante der unterentwickelten Länder‹ gehört, worunter er das Einparteiensystem versteht:

›Die Anforderungen des Kampfes um Unabhängigkeit begünstigen gewöhnlich das Auftreten einer beherrschenden einzelnen Partei oder Massenbewegung. Dies wurde in den meisten Fällen ... in Form eines Einparteiensystems übernommen ... Besteht schließlich das Ziel ... darin ... auch die Gesellschaft zu modernisieren ... dann ist das Einparteiensystem fast unausweichlich‹ (MACPHERSON, 1967: 39f.).

Nach Macphersons Ansicht ist dieses System, historisch gesehen, auch als ›demokratisch‹ zu bezeichnen.

> ›Demokratie im weiteren Sinne erfordert nicht nur Gleichheit, sondern auch Freiheit von Hunger, Unwissenheit und frühem Tod‹ (ebd.: 50).

Solche Konfusion zwischen zivilen Freiheitsrechten und sozialen Problemen wie Hunger und Analphabetentum tragen dazu bei, daß manch westlicher Sozialwissenschaftler im Namen des Respekts für andere Kulturen und ihr anderes Verständnis von ›Demokratie‹ für die Toleranz gegenüber Diktaturen eintritt.

Trotz dieser Kritik ist jedoch anzuerkennen, daß bei der Präferenz für Einparteiensysteme in unterentwickelten Gesellschaften geltend gemacht werden kann, daß viele afrikanische und asiatische Länder die Spielregeln des Wettbewerbs als ein Merkmal der politischen Kultur der Demokratie nicht kennen. Der konfessionelle Libanon, aber auch viele multi-ethnische arabische Länder wie der Irak, Algerien oder Sudan können Beispiele für nicht-institutionalisierte und auch nicht-institutionalisierende Parteien liefern. Die Partei vertritt die Konfession (die schi'itische *Hizb al-Allah*/Partei Gottes im Libanon) oder die Ethnie (die beiden Berber-Parteien in Algerien), nicht aber eine politische Programmatik. Natürlich gibt es im Libanon politische Parteien, die eine nationale oder eine soziale Zielsetzung verfolgen: Das politische System wird aber − wie auch der Bürgerkrieg von 1975−1990 − vorwiegend von den konfessionellen Parteien dominiert. Illustrativ wirkt hierfür die Beschreibung der durch den Bürgerkrieg zerstörten parlamentarischen Mehrparteiendemokratie durch den libanesischen politischen Schriftsteller Muhammad Kischli:

> ›Die politische Institution des Konfessionalismus ... ist das Parlament und die parlamentarische Demokratie, die auf der Vertretung der Konfessionen und nicht der Staatsbürger basiert ... Die parlamentarischen Wahlen basieren auf der konfessionellen Familien- und Sippenwirtschaft ... (diese) hat zu einer Form des politischen Feudalismus geführt, die auf der *Za'ama*: der persönlichen Führung, beruht. Der *Za'im*, der Führer einer sozialen Gruppe, kandidiert ... bei den Wahlen und wird von seiner Sippe und den Angehörigen seiner Konfession gewählt. Der Kampf im Libanon ist daher ein Kampf der *Za'amas*. Selten wird er auf der Grundlage eines politischen und ökonomischen Programms geführt‹ (KISCHLI, 1970: 103f.).

Ähnliche Beispiele kann man aus anderen arabischen Ländern heranziehen und dabei ›Konfession‹ durch Ethnie oder Clique ersetzen.

Die nüchterne Erkenntnis, daß sich das Modell des Mehrparteiensystems auf arabische Länder nicht mechanisch übertragen läßt, darf jedoch nicht zu Zweifeln an der Übertragbarkeit der parlamentarischen Demokratie in die außerokzidentale Welt führen. Denn die historische Erfahrung mit Einparteiensystemen ermutigt keineswegs dazu, der zitierten Empfehlung Macphersons zu folgen. Die Einparteiensysteme in den arabischen Ländern können weder eine innerparteiliche Demokratie noch eine reale Massenbasis vorweisen. Der durch sie zu erreichende Institutionalisierungsgrad dürfte sehr niedrig sein. Die Bemerkung, daß die Integrationsfähigkeit dieser Einparteiensysteme nicht auf ihre Institutionalisierung zurückzuführen ist, sondern lediglich durch die Macht der als Sicherheitsapparate wirkenden Geheimdienste/*Mukhabarat* erreicht wird, ist gewiß nicht polemisch; sie beschreibt lediglich die Wirklichkeit des arabischen Staatensystems. Demokratisierung und politische Stabilität im südlichen und östlichen Mittelmeerraum – also im geopolitischen Raum des arabischen Staatensystems – erfordern den Aufbau einer Zivilgesellschaft, die ohne eine Institutionalisierung der betreffenden Staaten unerreichbar bleibt.

Kapitel 2:
Die Grundeinheiten des Systems:
Eine Typologie des arabischen Staatensystems

Grenzen und territoriale Staatlichkeit sind in der Region des Nahen Ostens und Nordafrikas (DRYSDALE u. BLAKE, 1985, Kap. 1–2), die man heute die ›arabische Welt‹ nennt, keine Grundbegriffe der klassischen politischen Geschichte. Traditionell gehört die arabische Welt, wie bereits angeführt wurde, zum *Dar al-Islam*/Haus des Islam und bildet sogar den Kern der islamischen Zivilisation. Das arabische Staatensystem ist aber ein Novum, weil territoriale Grenzziehung und moderne Nationalstaatlichkeit ein Import aus dem Westen sind (ebd.; vgl. auch unten Kap. 3). Sozialgeschichtlich trat der arabo-islamische Orient durch seine Erschließung im Rahmen der europäischen Expansion in die moderne Welt ein. Nach der Auflösung der durch ihre universellen Ansprüche charakterisierten islamischen Ordnung wurde moderne, d. h. souveräne, durch Grenzen bestimmte Staatlichkeit in jener Region der Welt eingeführt und dann etabliert. Die ersten arabischen Nationalstaaten bildeten sich in der Zeit zwischen den beiden Weltkriegen; das arabische Staatensystem jedoch kristallisierte sich erst in den Jahren 1945–1954 heraus (MADDY-WEITZMAN, 1993, Kap. 2).

Das islamische Erbe

In seiner religiösen Doktrin kennt der Islam keine Trennung zwischen Staat und Gesellschaft. Zentral ist der Begriff der *Umma*/Gemeinschaft, zu der weltweit alle Muslime gehören. *Daula*/Staat ist dagegen ein moderner Begriff im Orient. In diesem Sinne konnte der traditionelle islamische Herrscher, der Kalif, nach seinem Gutdünken schalten und walten. Das traditionelle islamische Imperium war ein imperiales Kalifat und kein Staatsgebilde. Nach der Doktrin müßte der Kalif im Sinne des islamischen Rechts/*Schari'a* handeln. In der Praxis haben sich die Kalifen jedoch wenig um diese Vorschrift gekümmert und ihre Politik (*Siyasa*-Sphäre) von der des göttlichen Gesetzes getrennt (SCHACHT, 1964). Zum äußeren Schein, sozusagen als Verzierung, ließen traditionelle islamische Herrscher die ihnen untergeordneten *Ulema*/Rechtsgelehrten *Schari'a*-Urteile aus-

stellen, die den politischen Handlungen des Kalifen − wohlge-
merkt *post eventum*, also im nachhinein − bescheinigten, im
Einklang mit dem islamischen Gesetz gestanden zu haben
(GIBB, 1982, Teil 1 u. 2). Kurzum: Islamische Herrscher haben
zwar stets als orientalische Despoten gehandelt; ihre Herrschaft
wurde jedoch immer islamisch legitimiert. Dieses islamische
Erbe lastet bis heute schwer auf dem arabischen Orient, der
zwar formal ein modernes Staatensystem ist, in dem jedoch die
Tradition der uneingeschränkten Machtausübung des jeweiligen
Herrschers in modernem Gewand fortbesteht. Das Nebeneinan-
der von Volkssouveränität und orientalischer Despotie bringt
die Gleichzeitigkeit von Ungleichzeitigem zum Ausdruck.

Trotz des Fortbestands des islamischen Erbes unterscheiden
sich die Grundeinheiten des arabischen Staatensystems formal
dadurch, daß sie sich in Republiken und Monarchien gliedern.
Oberflächlich betrachtet läßt sich zudem feststellen, daß die
Zahl der Monarchien (vgl. Kap. 5) zugunsten der Gruppe der
Republiken stetig abgenommen hat. Die hier vorgenommene
formale Unterteilung in Monarchien und Republiken führt aber
nicht zu brauchbaren Ergebnissen, weil sie keine inhaltlichen
Aussagen vermittelt. Im arabischen Staatensystem ist der Unterschied zwischen Monarchen und Präsidenten auf Lebenszeit
nicht entscheidend. Zum Verständnis des arabischen Staatensystems im Lichte des islamischen Erbes benötigen wir eine inhaltlich begründete, also nicht nur formale Typologie.

Vorab möchte ich einräumen, daß Typologien über Regierungen im arabischen Staatensystem oft formalisierend bleiben,
weshalb sie nur begrenzten Erklärungswert haben. Als Beispiel
läßt sich der Jemen anführen, der sich im Jahre 1961 formal
von einer theokratischen Monarchie zu einer Republik wan-
delte. Dadurch vollzog sich jedoch keine substantielle Veränderung in den sozialen und ökonomischen Bedingungsfaktoren.
Der Jemen ist heute in der Liste der Republiken zu führen, womit aber noch keine inhaltliche Aussage verbunden ist. Die Vereinigung der beiden Jemen im Mai 1990 änderte daran wenig,
wie der Bürgerkrieg vom Mai 1994 gezeigt hat. Der vereinigte
Jemen bleibt ein Stammesstaat, also eine Vereinigung von Stämmen unter einer Nationalflagge (zur Frage der jemenitischen
Einheit vgl. HALLIDAY, 1990: 99 ff.). Es ist daher von geringer
Bedeutung, ob das bestehende Gebilde sich Monarchie oder

Republik nennt. Unter der Oberfläche bleibt die Mischung von Stammesstrukturen und islamischer Weltanschauung entscheidend.

Eine Typisierung des arabischen Staatensystems

In diesem Kapitel möchte ich meine in früheren Arbeiten entwickelte Typologie des arabischen Staatensystems vorstellen; sie dient als Hilfsmittel für die Zuordnung arabischer politischer Systeme (Tibi, 1981a, 1985b). Diese Typologie ist so allgemein, daß sie fast alle Formen erfaßt, und dennoch spezifisch genug, um die Grundzüge der wichtigsten arabischen Regierungsformen angemessen beleuchten zu können.

Der erste Typus arabischer Regierungsform ist die *islamisch legitimierte traditionelle Monarchie*, wie sie in Marokko und in Saudi-Arabien existiert (vgl. Kap. 5). Die fünf Golf-Scheichtümer haben zwar ebenfalls monarchische Dynastien, aber keine islamische, sondern nur eine stammesmäßige Legitimation. In Marokko, wo im Gegensatz zu Saudi-Arabien politische Parteien existieren, sind Versuche unternommen worden, das System in eine konstitutionelle Monarchie zu verwandeln. Dennoch ist die marokkanische Monarchie nach allen Kriterien als traditionelle Monarchie einzuordnen. Die jordanische Monarchie der Haschimiten fällt hier in gewisser Weise aus dem Rahmen. Obwohl König Hussein sich während des Golfkrieges als *Scharif* (Sprößling aus dem Haus des Propheten) legitimierte, um seine Macht zu stabilisieren (Tibi, 1993a, Kap. 2), ist seine Herrschaft säkular. Die jordanische Herrschaft hat aber auch stammesmäßige Elemente. Der König stammt aus dem *Quraisch*-Stamm des Propheten Mohammed und kann sich auf die loyal zu ihm stehenden jordanischen Beduinenstämme stützen, aus denen einst (1921) die Arabische Legion hervorging.

Als zweite Regierungsform im arabischen Staatensystem lassen sich die *säkular legitimierten Einparteiensysteme* ausmachen. Sie werden entweder von einer zivilen Partei (Tunesien) oder von einem Bündnis einer zivilen Partei mit Putschoffizieren (die *Ba'th*-Parteien in Syrien und im Irak) getragen. Die Grenzen zwischen diesem politischen Typus in Syrien und im Irak und dem der Militärregime sind fließend. *Ba'th* (arab. = Wiedergeburt)-Regime sind Militärdiktaturen.

Die dritte Regierungsform in meiner Typologie sind die soeben angesprochenen *Militärregime* unter charismatischer Führung. Sie bauen sich entweder nach der Machtergreifung ihre eigene Massenorganisation qua Einheitspartei auf (Ägypten unter Nasser), oder sie haben eine aus der antikolonialen Befreiungsbewegung hervorgegangene Partei (die *FLN*/Befreiungsfront als Staatspartei in Algerien bis zu ihrer Entmachtung/Krise von 1991/92). Zu diesem Typus zählen aber auch solche Militärregime, die ohne eine Partei auskommen (Libyen unter Oberst Qadhafi, dazu HARRIS, 1986, Kap. 3–6).

Als vierter und letzter Typus im arabischen Staatensystem sind die *demokratischen Mehrparteiensysteme* anzuführen, die das parlamentarische Regierungssystem akzeptieren, heute jedoch in keinem arabischen Land mehr existieren. Obwohl es formal Wahlen gibt, wie z. B. in Jordanien und Ägypten, bleiben diese von begrenzter demokratischer Bedeutung. Ägypten in den Jahren 1923–1952 war das älteste arabische Experiment in dieser Regierungsform. Zum arabischen Modell eines Mehrparteiensystems wurde der Libanon vor dem Bürgerkrieg der Jahre 1975–1990 und der anschließenden syrischen Besetzung. Seitdem ist er keine parlamentarische Demokratie mehr. Auch Syrien hat seit seiner Unabhängigkeit einige Male ein parlamentarisches Mehrparteiensystem gehabt, das aber wiederholt durch Militärputsche unterbrochen wurde.

Diese Typologie scheint mir trotz aller Vorbehalte gegen das typisierende Verfahren der vergleichenden Regierungslehre und trotz mancher Unzulänglichkeiten brauchbare Ansätze zu vermitteln. Sie bedarf jedoch einiger konzeptueller Ergänzungen, die es ermöglichen, die arabischen politischen Systeme besser zu verstehen. Hierzu gehört an erster Stelle das Konzept der *politischen Kultur*. Ich begnüge mich hier mit der Feststellung, daß zur Analyse der politischen Kultur der arabischen Herrschaftseliten die Untersuchung ihres soziokulturellen Profils und ihrer normativ-weltanschaulichen Orientierung sowie der Stilformen der politischen Machtausübung und -verteilung, aber auch der politischen Konfliktaustragung gehört. Politische Kultur ist ein Merkmal des politischen Gesamtsystems, da die politisch handelnden Individuen und die Träger der politischen Autorität die Normen dieser Kultur verinnerlicht haben. Es ist bedauerlich, daß die politische Kultur des arabo-islamischen

Orients immer noch von der Beduinentradition geprägt ist. Der irakische Soziologe Ali al-Wardi hat dies in einer klassischen Arbeit gezeigt, die erfreulicherweise in deutscher Übersetzung vorliegt (AL-WARDI, 1972). Die führenden Eliten werden in den meisten arabischen Ländern aus Stämmen und durch den jeweiligen Clan bestimmten Cliquen rekrutiert. Ihre Normsysteme und Stilformen sind deshalb stammesbezogen und clanzentriert und somit schwer mit Pluralismus und demokratischer Machtverteilung vereinbar.

Die politische Kultur eines politischen Systems hängt zwar mit der soziokulturellen Tradition eines Landes zusammen, Kultur besteht aber nicht bloß aus Ideen, sondern ist in den Entwicklungsstand der jeweiligen Sozialstruktur eingebettet. Ägypten z. B., das von den arabischen Ländern die entwickeltste Sozialstruktur besitzt, verfügt auch über die differenzierteste politische Kultur im Orient, die als einzige nicht stammesmäßig orientiert ist.

Sozialstruktur wird hier nicht ausschließlich sozioökonomisch definiert. In einem sozialstrukturellen Gebilde setzen sich auch soziokulturelle und politische Traditionen einer Region fort. Wenn hier Unterentwicklung als Merkmal aller Sozialstrukturen in den arabischen Ländern angeführt wird, so wird damit nicht einseitig auf die weltökonomischen Abhängigkeitsstrukturen angespielt, denn Unterentwicklung läßt sich nicht allein aus dem System der Abhängigkeit erklären. Die Unterentwicklung der arabischen Staaten, die alle in die globalen Strukturen integriert sind, hat auch interne, hausgemachte Bedingungsfaktoren. Der Jemen war nie eine Kolonie und ist dennoch weit unterentwickelter als Ägypten, das intensiv kolonisiert worden ist. Der arabische Orient wäre auch dann unterentwickelt geblieben, wenn er nicht kolonial erobert worden wäre. Lokale Bedingungen sind hierfür ausschlaggebend.

Neben der politischen Kultur und dem Entwicklungsstand der jeweiligen Sozialstruktur ist das *soziale System* die dritte konzeptuelle Ergänzung für die hier vorgestellte Typologie. Das soziale System, das unabhängig von der jeweiligen politischen Regierungsform existiert, umfaßt die Interaktionen, die in einer Sozialstruktur stattfinden und von der betreffenden politischen Kultur geprägt werden. Die im Orient vorherrschenden sozialen Systeme sind überwiegend vormodern. Wenn ein Despot −

z. B. Saddam Hussein — geht, wird er durch einen anderen ersetzt. Die Wurzeln dieser Entwicklung liegen in dem Sozialsystem nahöstlicher Gesellschaften begründet.

Wie ich in einem früheren Buch gezeigt habe, kann dieses soziale System als vorindustriell beschrieben werden (TIBI, 1981b). Die Entsprechung des Sakralen und des Politischen bildet seine Substanz. In diesem Sinne können alle arabischen politischen Systeme, also nicht nur die religiös legitimierten Monarchien, als noch nicht säkularisiert bezeichnet werden. Säkularisierung ist nicht nur eine Idee; zu ihrer Einbettung in eine Gesellschaft gehört eine strukturelle Realität, die in nahöstlichen Gesellschaften fehlt (vgl. ebd., Nachwort).

Diese konzeptuell ergänzte Typologie soll in diesem Buch als vorläufiger Bezugsrahmen sowie als Orientierungshilfe für die Analyse politischer Regierungsformen des arabischen Staatensystems dienen. Angesichts der Tatsache, daß sich ein gesondertes Kapitel ausführlich mit islamisch legitimierten Monarchien als dem ersten Typus in meiner Typologie befaßt, überspringe in der folgenden Darstellung diesen Gegenstand (vgl. Kap. 5) und gehe gleich zur zweiten Regierungsform im arabischen Staatensystem über.

Einparteiensysteme mit säkularer Legitimation

Bis zur Entmachtung Habib Bourgibas galt Tunesien mit seiner bis dahin bestehenden *Neo-Destour*-Partei als Vorbild für den Säkularismus im arabischen Westen/*Maghreb*. Die ursprünglich syrische, in ihrer Zielsetzung jedoch panarabische *Ba'th*-Partei galt dagegen als säkulares Modell des arabischen Ostens/*Maschrek*. Beide Parteien wurden von Intellektuellen mit westlicher Bildung gegründet und aufgebaut. Die seinerzeit von Bourgiba aufgebaute *Neo-Destour*, die nach der Dekolonisation das tunesische, säkular legitimierte Einparteiensystem trug, war eine zivile Organisation. Die syrische *Ba'th*-Partei ging dagegen ein Bündnis mit den Militärs ein (BE'ERI, 1969: 401—407) und nahm als Putschpartei totalitäre Züge an. Während die Armeefraktion in der syrischen *Ba'th*-Partei nach wie vor dominiert, gewann in der irakischen *Ba'th* unter Saddam Hussein die zivile Fraktion die Oberhand, so gern dieser Diktator auch in Militäruniform auftritt. Obwohl die *Ba'th*-Partei eine säkulare Ideolo-

gie vertritt, lassen sich ihre Träger konfessionell zuordnen: Das
irakische *Ba'th*-Regime wird von einer sunnitischen, das syrische *Ba'th*-Regime von einer alawitisch-schi'itischen Klientel
getragen; beide sprechen einander die Legitimität ab (TIBI,
1993a, Kap. 8) und bekämpfen sich bis aufs Messer.

Im folgenden möchte ich das tunesische Einparteiensystem
beispielhaft heranziehen. Das tunesische Modell (ANDERSON,
1987: 231—250) ist zwar — wie Syrien und Irak — durch einen
personifizierten Autoritarismus charakterisiert, stellt aber dennoch den leider gescheiterten Versuch dar, ein institutionalisiertes politisches System aufzubauen. Die alte *Neo-Destour*-Partei
(GERMANN, 1968) war zunächst der Träger des Dekolonisations-
prozesses und entwickelte sich nach Erlangung der Unabhängigkeit zur Staatspartei.

Formal war das tunesische Einparteiensystem ein Quasi-
Rechtsstaat mit konstitutioneller Ordnung. Die seit 1959 gültige
Verfassung sieht Gewaltenteilung vor und ersetzt die religiösen
Gerichte durch ein bürgerliches Rechtssystem nach westlichem
Muster (Art. 52ff.). Die formal gewählte Nationalversammlung
verabschiedet die Gesetze, doch die Stellung des Präsidenten ist
— sowohl unter Bourgiba als auch unter dem gegenwärtigen
Regime Ben-Alis — so zentral, daß seine Gesetzesinitiative sogar Vorrang vor der des Parlaments hat. Der Tunesien-Experte
C.H. Moore hat das tunesische Regierungssystem als ›Präsidial-
monarchie‹ bezeichnet, deren politische Ordnung auf *›patterns
of political subordination‹* beruht (MOORE, 1965). Das einst formal bestehende Parlament hatte wenig Befugnisse, wie der
schwedische Politikwissenschaftler Rudebeck in seiner Arbeit
über Tunesien feststellte:

> ›Die tatsächliche Rolle der Nationalversammlung im politischen Pro-
> zeß ist äußerst begrenzt. Die Einschränkungen dieser Rolle ergeben
> sich aus der Tatsache, daß Tunesien ein Einparteienstaat mit einem
> dominierenden und politisch mächtigen Präsidenten ist‹ (RUDEBECK,
> 1969: 51).

Im vorangegangenen Kapitel wurde ausgeführt, daß die politischen Systeme der arabischen — wie im übrigen auch aller anderen unterentwickelten — Länder in der Regel schwach institutionalisiert sind. Das bedeutet, daß Personen und nicht geset-
zesgebundene Institutionen das Sagen haben. Die wichtigste In-

stitution ist somit nicht das Parlament, sondern die personifizierte Einheitspartei. Eine genaue Analyse zeigt, daß die einstige *Neo-Destour* nicht den kolonialen Staatsapparat erobert und neu strukturiert hat, sondern vom bestehenden Staatsapparat absorbiert wurde. Die *Neo-Destour* war gleichzusetzen mit der Person Bourgibas. Unter Bourgiba sorgte die Partei für die Stabilität der bestehenden Ordnung − sie war jedoch kein Kontrollorgan gegenüber der Regierung.

Der Schweizer Tunesien-Experte R. Germann schreibt:

›Die wohlstrukturierte und weitreichende Organisation der Partei liefert ausgezeichnete Kanäle, über welche die Regierung ein sehr großes Publikum erreichen kann, wenn sie für sich und ihre Maßnahmen wirbt. Die Partei unterhält einen eigentlichen Kult für Bourgiba … Für viele ist der Aufstieg innerhalb der Partei die einzige Möglichkeit zur Verbesserung der sozialen Stellung‹ (GERMANN, 1968: 93).

Die Verschmelzung von Staatsapparat und Partei war kaum zu übersehen. Unter dem gegenwärtigen Präsidenten Ben-Ali ersetzt der tunesische Sicherheitsapparat, aus dem er als Polizeioffizier kommt, die unter seinem Vorgänger Bourgiba vorherrschende *Neo-Destour*-Partei. Nach der Entmachtung Bourgibas durch Ben-Ali (1987) wurde die *Neo-Destour* umbenannt in *Demokratische Konstitutionelle Sammlung/Ressemblement Constitutionel Democratique/RCD* und existiert unter Beibehaltung der alten Strukturen des Einparteiensystems formal weiter.

Praetorianische Militärregime

Von Max Weber stammt die autoritative Beschreibung des charismatischen Führers. Charisma ist wichtig für die Ausstrahlungskraft und für die Wirkung eines Politikers, muß also nicht mit Autoritatismus gleichgesetzt werden. Auch in institutionalisierten politischen Systemen des Westens können Politiker (wie z. B. John F. Kennedy) Charisma haben, ohne daß der legale Charakter der demokratischen Herrschaft hierdurch in Frage gestellt wird. Charismatische politische Führer verkörpern in Demokratien nicht das politische System. Ein demokratisches System hat Institutionen, die autonom nach festgelegten Regeln funktionieren. Dagegen existiert in schwach institutionalisierten politischen Systemen keine legale Herrschaft im Sinne Max Webers (vgl. Kap. 1). Dort ist der Politikprozeß stark personengebunden; charismatische Führer verkörpern selbst das politische System, das allein durch den Wegfall solcher Führer in eine schwere Krise geraten kann. Diese allgemeine Beobachtung gilt in besonderem Maße für die politischen Ordnungen des arabischen Staatensystems, deren politische Geschichte in der Regel als Personengeschichte dargestellt werden kann. So haben der arabische Historiker Anis Sayigh (1965) und der arabo-amerikanische Politikwissenschaftler Majid Khadduri (1973) die arabische Politik als eine Biographiensammlung arabischer Politiker präsentiert. Die politische Geschichte Ägyptens zwischen 1952 und 1970 ist sozusagen die Biographie Nassers in jenen Jahren. Das ist keine Personifizierung der Geschichte, sondern arabische Realität.

Die Politisierung der Militärs und deren Intervention in die Politik ist ebenso in den Rahmen der Personifizierung einzuordnen. Die von charismatischen Führern getragenen Militärregime als Form des politischen Systems sind eine Verkörperung dieses Phänomens. Ägypten unter dem Putschoffizier Gamal Abdel Nasser ist hierfür ein Paradebeispiel. Libyen unter Oberst Qadhafi bietet eine andere Illustration. Algerien unter dem verstorbenen Oberst Boumedienne war ein Militärregime, dessen Armee aus einer Befreiungsarmee hervorgegangen war, die schließlich institutionalisiert wurde. Nach Erlangung der Unabhängigkeit verwandelte sich die Befreiungsbewegung FLN in eine Partei, die ein Einparteiensystem aufbaute (H. JACKSON, 1977). Die Krise von 1991/92 beendete schließlich die FLN-Ära in der algerischen Geschichte.

Im Ägypten unter Nasser wurden drei Versuche unternommen, eine Massenorganisation aufzubauen. Die ›Freien Offiziere‹, die nach ihrer Machtergreifung das Mehrparteiensystem auflösten, benötigten eine politische Legitimität, die ihnen eine Massenorganisation zu liefern versprach. Die ersten zwei Versuche in diese Richtung schlugen fehl; die 1953 gegründete *Befreiungssammlung* und die in deren Nachfolge 1957 aufgebaute *Nationale Union* − obwohl formell Massenparteien − konnten diese Legitimität nicht vermitteln. 1962 wurde die *Arabische Sozialistische Union/ASU* − im Bewußtsein dieses Mangels − ausdrücklich als politische Organisation/*Tanzim Siyasi* gebildet. Die beiden ersten Gründungen waren lediglich zentral gelenkte, dem Präsidenten zustimmende Organisationen, während die *ASU* eine Kaderorganisation darstellte, in der doch Ansätze zur Institutionenbildung im politischen System entwickelt wurden.

In Ägypten wurde das Militärregime unter der charismatischen Führung Nassers sowohl von der herrschenden als auch von der strategischen Elite getragen. Die herrschende Elite rekrutierte sich aus den aktiven Militärs, die strategische aus der Parteibürokratie und der Verwaltung des staatlichen Sektors, also aus den ›zivil gekleideten Militärs‹ (TIBI, 1973, Kap. 3). Die Tatsache, daß die charismatische Figur des Präsidenten, des *Rais*, die uneingeschränkte Machtstellung genoß und somit das politische System verkörperte, erklärt, weshalb eine ansatzweise vorhandene Institutionalisierung blockiert wurde. Der amerikanische Ägypten-Experte Perlmutter schreibt hierzu:

›Der Präsident und einige wenige seiner Vertrauten beherrschten die Gebiete der Außen- und Sicherheitspolitik, ohne daß sich andere hierin einmischten‹ (PERLMUTTER, 1974: 164). Die Parteioffiziere Nassers kontrollierten alle drei bürokratischen Strukturen der Macht: den Staatsapparat, die Armee und die *ASU*. Die Personifizierung der Herrschaft im Rahmen einer charismatischen Herrschaftsform ist in der Regel in schwach institutionalisierten Ordnungen anzutreffen, die ich als modernisierte Form orientalischer Despotie bezeichne. In allen personifizierten politischen Systemen führt der Wegfall des charismatischen Führers zu einer politischen Krise. Ägypten bildet hierin keine Ausnahme.

> ›Nasser hatte so gut wie kein institutionalisiertes Vermächtnis hinterlassen. Das Vermächtnis, das er hinterließ, … war persönlich, charismatisch und autokratisch. Nasser legitimierte die Ein-Mann-Herrschaft‹ (ebd.: 185).

Nach Nassers Tod, im September 1970, spielten sich heftige Kämpfe um die Nachfolge des *Rais* ab, die zunächst innerhalb der *ASU* stattfanden. Nassers Nachfolger, Anwar as-Sadat, gelang es schon 1971, mit Hilfe der militärischen Elite gegen die strategische Elite der Parteibürokratie vorzugehen und diese zu neutralisieren. Die politische Entwicklung Ägyptens seither wird unten (vgl. Kap. 6) ausführlich erläutert. Allen drei *Za'ims*/Führern, Nasser (als Charismatiker), Sadat (als schwachem Nachfolger) und dem gegenwärtigen Mubarak (als noch schwächerem Nachfolger) ist die Personifizierung der politischen Macht gemeinsam.

Parlamentarismus im arabischen Staatensystem

Ein Parlament zu haben, heißt noch lange nicht, eine Demokratie zu sein; denn formal besitzen die meisten arabischen Länder − selbst der Irak unter Saddam Hussein − Parlamente. In der Regel sind sie aber lediglich der verlängerte Arm des personifizierten Staatsapparates und seiner Geheimdienste. Mit einem demokratischen System haben diese Parlamente nicht das geringste zu tun. Im arabischen Staatensystem hat es allein in Syrien (bis zum *Za'im*-Putsch am 3. März 1949), in Ägypten zwischen 1923 und 1952 und im Libanon bis zum Beginn des Bürgerkrieges von 1975 einen liberalen Parlamentarismus gegeben. Heute findet man diese Regierungsform nirgends in der arabischen Welt, auch wenn dort Wahlen stattfinden (GOLDBERG u. a., 1993). Die Frage nach dem Scheitern der Demokratie im arabischen Staatensystem (TIBI, 1993a, Teil 3) gehört somit zu den zentralen Überlegungen.

Das Funktionieren einer Demokratie setzt ein intaktes Parteiensystem voraus. In Ägypten, wo einst nennenswerte Parteien entstehen konnten, waren diese politischen Organisationen seit ihrer Gründung personengebunden (vgl. Kap. 6). In der Zeit nach Erlangung der Unabhängigkeit kann man die *Watani-Partei* mit Mustafa Kamil und die *Wafd-Partei* in ihrer ersten Phase mit Sa'd Zaghlul Pascha identifizieren. Mit anderen Worten, diese Parteien waren keine institutionalisierten Organisationen (vgl. Kap. 1).

Der Libanon kann in seiner demokratischen Geschichte insgesamt zwölf Parteien vorweisen; vor dem Bürgerkrieg (hierzu HANF, 1990) war der Libanon − ebenso wie heute − eine *association des communautés*, also ein soziokonfessionelles System, in dem die großen Parteien exklusive Vertretungen der jeweiligen, von Großfamilien und Klienteln angeführten Konfessionen sind. Der arabo-amerikanische Politikwissenschaftler Suleiman unterteilt sie in transnational-panarabische, transnational-nicht-panarabische, religiös-ethnische (Armenier-Parteien) und in konfessionelle exklusiv-libanesische Parteien. Die letzte Gruppe ist die bedeutsamste. Suleiman urteilt nach eingehender

Untersuchung dieser zwölf Parteien im Kontext des politischen Systems:

> ›Obwohl im Libanon ein Mehrparteienstaat existiert, ist seine Demokratie keineswegs von konventionellem Charakter und seine politischen Parteien sind ... auf Regierungsebene keinesfalls effektiv‹ (Suleiman, 1967).

Der Libanon ist nach Michael Hudson ›die prekäre Republik‹ des arabischen Staatensystems; es ist ein immobiles konfessionelles System, das die neuen, durch den sozialen Wandel freigesetzten Kräfte nicht integrieren kann:

> ›Ein System, dessen repräsentative Institutionen für neue soziale Kräfte unzugänglich sind, ist in Gefahr‹ (Hudson, 1968).

Dieser Satz hat sich in der Geschichte des arabischen Staatensystems mehrfach bewahrheitet. Parteiorganisationen sind allgemein ein zentrales Element politischer Entwicklung. Das gilt jedoch nicht für den Nahen Osten, wo kleine oligarchische Gruppen auf formalen Organisationen basieren, die längst noch keine politischen Parteien sind. Das konfessionelle Pseudo-Parteiensystem des Libanon ist eine der wichtigsten Ursachen für das dortige Scheitern der Demokratie.

> ›Der moderne Libanon ist keine Nation, sondern stellt eine Assoziation von Gemeinden und Klassen dar, und die Parteien des Libanon während der Phase der liberalen Republik waren primär damit beschäftigt, diese Assoziation zusammenzuhalten‹ (Hudson, 1977: 281).

Ägypten ist im Gegensatz zum Libanon eine homogene Gesellschaft. Dennoch ist die Demokratie auch dort gescheitert. Die Ursachen für dieses Scheitern sind jedoch anderer Natur als im Libanon. Ägypten hat eine jahrhundertealte Staatstradition, die bis auf die Pharaonenzeit zurückgeht; der dortige Staatsverband hat eine gleichermaßen stabile und unangefochtene Zentralgewalt. Die Gründe für das Scheitern der Demokratie sind in Ägypten in einer Kombination interner und externer Faktoren zu suchen, wobei letztere überwiegen. Ägypten hat im Jahre 1923 eine liberal-konstitutionelle Verfassung nach europäischem Muster bekommen, in der die Grundrechte und die Gewaltenteilung anerkannt werden. Die damals stärkste Partei, die *Wafd*, galt als Vorkämpferin der völkerrechtlichen Souveränität und war die populärste Partei, die auch die Wahlen gewinnen konnte. Die britische Hegemonialmacht intervenierte aber stets über den ägyptischen König, um die Absetzung frei gewählter Regierungen zu erzwingen. Die sehr kurze Geschichte der ägyptischen Demokratie läßt sich konzis mit dem einst in Harvard lehrenden Ägypten-Experten Safran so charakterisieren:

>Die ägyptische Politik folgte einem regelmäßigen Muster. Jede halbwegs freie Wahl wurde von der *Wafd-Partei* gewonnen, mit der Folge, daß sie entweder aufgrund eines Konflikts mit der britischen Verwaltung zum Rückzug gezwungen, oder vom König entlassen wurde. Jede neue Regierung hob die Verfassung auf, modifizierte sie, setzte sie außer Kraft, fälschte die Wahlen oder herrschte diktatorisch. Entweder stand dann der König unter dem Zwang, die *Wafd-Partei* wiederum zuzulassen, oder eine britische Entscheidung führte dazu. Die Abhaltung von Neuwahlen hatte zur Folge, daß die *Wafd-Partei* an die Macht zurückkehrte und der beschriebene Kreislauf sich wiederholte< (SAFRAN, 1961: 190).

Wie erwähnt, war die *Wafd-Partei* zunächst identisch mit der Person des Nationalhelden Zaghlul Pascha. Nach dessen Tod (1927) änderte sich der Kurs der Partei von einer nationalen Organisation zu einer Vertretung der Oligarchie. Das britisch-ägyptische Abkommen von 1936, das unter Mitwirkung der *Wafd-Partei* zustande kam, machte diese Partei sogar zur britischen Spielkarte. Im Februar 1942 umstellten die in Ägypten stationierten britischen Panzer das königliche Schloß, um eine *Wafd*-Regierung zu erzwingen. Die danach eingesetzte Regierung der *Wafd-Partei* war zugleich der Todesstoß der ägyptischen Demokratie. In Kapitel 6 dieses Buches werde ich die Parteiengeschichte Ägyptens exemplarisch als ein Modell im arabischen Staatensystem untersuchen.

Abschließend möchte ich darauf hinweisen, daß in der arabischen Publizistik die Erfahrungen mit dem demokratischen Mehrparteiensystem im Libanon und in Ägypten als Argumente gegen einen verfassungsmäßigen Parlamentarismus schlechthin vorgetragen werden. Arabische Autoren meinen, daß eine Verfassungsdemokratie westlichen Musters nicht für sie geschaffen sei.

Ausblick

Das arabische Staatensystem ist nicht authentisch orientalisch. Traditionelle Regierungsformen im arabischen Orient haben durch die erzwungene Eingliederung jener Region zunächst in die Weltwirtschaft (OWEN, 1981) und nach der Dekolonisation in das internationale System ihre Substanz eingebüßt. Regierungen traditionellen Musters sind mehrfach gestürzt worden. Die Diffusion des parlamentarischen Regierungssystems scheiterte an dem Fehlen der strukturellen Grundlagen und auch daran, daß die ehemaligen Kolonialmächte, wie das Beispiel Ägypten zeigt, einen Demokratisierungsprozeß stets unterbunden haben. Die Militärregime, die an die Stelle der gestürzten politischen Systeme getreten sind, haben keine Verbesserung, sondern modernisierte Formen der orientalischen Despotie mit den entsprechend modernisierten Herrschaftstechniken der Geheimdienste/ *Mukhabarat* hervorgebracht. Aus dem Scheitern aller Entwicklungsmodelle des souveränen Nationalstaates im arabischen Staatensystem ist der islamische Fundamentalismus hervorgegangen (TIBI, 1995b). Die bärtigen Fundamentalisten (wie Turabi im Sudan und Benhadj in Algerien) scheinen der Politikertyp der Zukunft im Nahen Osten zu werden, nachdem zunächst Könige und Emire und danach die Putschoffiziere jämmerlich gescheitert sind.

Schon im Jahre 1977 hat Michael Hudson, der alle arabischen politischen Systeme gründlich untersucht hat, geschrieben: ›Die arabische Welt ist schwer regierbar‹ (HUDSON, 1977: 389). Der Grund hierfür liegt in dem schnellen sozialen Wandel der arabischen Gesellschaften, mit dem die politischen Systeme nicht Schritt halten können. Mit Hudson kann ich auch nach meiner eigenen Untersuchung sagen:

> ›Wenn ich heute die arabische Welt betrachte, kann ich nur folgern, daß die grundlegenden Probleme von Identität, Autorität und Gleichheit weiterhin unlösbar bleiben. Weil sie unlösbar sind. Arabische Politik scheint sich weder vorwärts noch rückwärts zu bewegen: Die radikale Zukunft scheint unerreichbar und die traditionelle Vergangenheit unwiederbringlich‹ (ebd.: 392).

Die folgenden Kapitel dieses Buches werden diese Problematik näher beleuchten.

Zweiter Teil

Von der islamischen Ordnung zum arabischen Staatensystem – und zurück?

Einführung

Die Idee des Fortschritts ist eine westliche Konstruktion, die mit dem Evolutionismus zusammenhängt, d. h. mit dem Glauben an eine lineare Entwicklung (NISBET, 1980). In der islamischen Geschichte herrscht ein anderer Glaube vor, den der große islamische Sozialphilosoph des 14. Jahrhunderts, Ibn Khaldun (über ihn TIBI, 1993d u. 1996c, Kap.6) in ›al-Muqaddimah/Prolegomena‹ artikuliert hat: Die Geschichte vollzieht sich in Zyklen. Es scheint, daß Ibn Khaldun in bezug auf die islamische Geschichte eher Recht behalten hat als westliche Fortschrittsgläubige. Denn das 20. Jahrhundert hat mit der Auflösung der islamischen Ordnung begonnen und kurz vor seinem Ende steht der Ruf nach Rückkehr eben zu ihr. Hierin liegt die größte Herausforderung in der jüngeren Geschichte des arabischen Staatensystems. Die schwach institutionalisierte, vom Westen importierte Institution des Nationalstaates (vgl. Kap. 1) ist das zentrale Angriffsobjekt. Die ›fundamentalistische Herausforderung‹ (TIBI, 1992a, Kap. 4) ist eine solche an den säkularen Nationalstaat.

Natürlich wiederholt sich Geschichte nicht in identischer Weise, auch wenn sich die Zyklen scheinbar gleichen. Ich glaube ebensowenig an eine Auffassung von zyklischer Entwicklung wie an den sogenannten westlichen Fortschritt. Für mich als nicht-europäischen Muslim und zugleich europäischen Wahlbürger ist das Europa des 20. Jahrhunderts ein Rückfall hinter das Europa des 19. Jahrhunderts; das läßt sich schwerlich als Fortschritt bezeichnen. Mein Thema hier ist jedoch das arabische Staatensystem, nicht Europa. Die Herausforderer dieses Systems, die islamischen Fundamentalisten, können nun das Rad der Geschichte nicht zurückdrehen; sie selbst sind ebensowenig authentisch islamisch wie die Ordnung, zu der sie aufrufen. Die Rahmenbedingungen der Krise hängen mit der Globalisierung zusammen. Mit anderen Worten: Weltgeschichte und Globalgeschichte sind zweierlei. Globalgeschichte hat ihre Ur-

sprünge in der europäischen Expansion, wohingegen Weltgeschichte so alt ist wie die Menschheit (TIBI, 1995a: 75–79). Das
folgende Kapitel beleuchtet diese Problematik und versucht,
Antworten auf die in diesem Zusammenhang stehenden Fragen
zu geben.

Das arabische Staatensystem kann in diesem Buch nicht
vorgestellt werden, ohne auf die post-bipolare Welt, d. h. auf
die Gestaltung unserer Welt nach dem Ende des Ost-West-Konflikts einzugehen. Früher drehte sich alles um die beiden Welt-
blöcke (daher der Begriff: globale Bipolarität); im Übergang
zum 21. Jahrhundert kommt jedoch die bisher verdrängte ›Heterogenität der Zivilisationen‹ (ARON, Orig. 1962, dt. 1986) an
die Oberfläche. Wissenschaftler, wie dieser Verfasser, die während des ›Kalten Krieges‹ eine schematische Zuordnung aller
Länder zu jeweils einem der beiden Blöcke ablehnten, boten
den Regionalismus als Alternative zum kruden Globalismus der
Bipolarität an. In diesem Zusammenhang habe ich die Theorie
des regionalen Subsystems in die deutsche Diskussion eingeführt (TIBI, 1989, Kap. 1–2, und dazu HUBEL, 1995: 5ff., 14ff.).
Mit Hilfe dieses Theorems werden die Regionen der Weltpolitik
– wie z. B. der Nahe Osten – zwar in Anerkennung der Glo-
balstrukturen, jedoch in Kenntnis der spezifischen Eigenschaften von Regionalstrukturen untersucht. Der Leser wird in Kapitel 4 die mit Hilfe dieser Theorie vorgenommene Konzeptualisierung des Nahen Ostens und des in ihm beherbergten Staatensystems als regionales Subsystem kennenlernen.

Die Deutung des Nahen Ostens als Subsystem trägt der tat-
sächlichen Aufteilung der Welt in Zivilisationen Rechnung. In
den Zeiten des Ost-West-Konflikts verfolgte sie die Intention,
die nahöstliche Region und das in ihr beherbergte arabische
Staatensystem *frei* von der Ideologie des Kalten Krieges wahr-
zunehmen. Gerade nach dem Ende jener Geschichtsperiode der
Bipolarität wird der Wert der Theorie des Subsystems offenkundig, weil solche Staatensysteme in unserem Zeitalter neu als
›zivilisatorische Staatensysteme‹ (HOUBEN, 1996) auftreten; entsprechend können sie mit Hilfe dieser Theorie subsystemisch
definiert werden. In diesem Zusammenhang regionalisiert sich
unsere Welt zunehmend nach zivilisatorischen Maßstäben. Dieser Prozeß erzeugt eine kulturelle Fragmentation, die einhergeht
mit der fortlaufenden Globalisierung (TIBI, 1996a).

Kapitel 3:
Die Geburt des Systems: Zwischen islamischem Universalismus und säkularem panarabischen Nationalismus

Das arabische Staatensystem ist zwar aus dem Dekolonisationsprozeß hervorgegangen, aber die Grundvoraussetzung für seine Entstehung war die vorherige Auflösung der islamisch-universellen Ordnung des Osmanischen Reiches (FROMKIN, 1989). Der panarabische Nationalismus, d. h. die Ideologie des arabischen Staatensystems, entwickelte sich jedoch schon lange vor der Entstehung des Systems selbst. Zum Vergleich: In Europa entstand zuerst die Nation und dann der Nationalstaat. Anders im arabischen Staatensystem: Es ist eine Gruppierung von nominellen Nationalstaaten ohne eine entsprechende Nation. Es gibt also keine irakische, syrische oder jordanische Nation. Die Idee der arabischen Nation, die hier Abhilfe schaffen sollte, war und ist ein Konstrukt ohne reale Entsprechung. Als eine kulturelle Vorstellung geht die Idee der arabischen Nation auf das 19. Jahrhundert zurück (TIBI, 1987a: 80–111). Noch vor der Auflösung des Osmanischen Reiches nach dem Ersten Weltkrieg wurde diese Idee in der Vor-1913-Periode (KHALIDI u. a., 1991) politisiert; sie wurde Ausdruck der Forderung nach einer Entwicklung ›Vom Gottesreich zum Nationalstaat‹ – so der Titel meines Buches über Islam und panarabischen Nationalismus (TIBI, 1987a).

Von der Einführung des Nationalstaates zur Legitimitätskrise

Gegen Ende des 20. Jahrhunderts befindet sich das arabische Staatensystem in einer Legitimitätskrise (SONN, 1990, Kap. 7). Der Nationalstaat, Grundeinheit zugleich des internationalen und des arabischen Staatensystems, wird in Frage gestellt. War der panarabische Nationalismus einst eine Herausforderung an die islamische Ordnung des Gottesreiches, so ist der religiöse Fundamentalismus eine heftige Herausforderung an die Legitimität des säkularen arabischen, nominellen Nationalstaates (TIBI, 1993a, Kap. 5; ders., 1995a, Kap. 1). In diesem Zusammenhang steht das arabische Staatensystem am Kreuzweg zwischen dem islamischen Universalismus der *Umma* und dem säkularen Panarabismus der Nation. Im Orient war das 20. Jahrhundert das Zeitalter des Nationalismus. Das 21. Jahrhundert wird die Epoche der schon begonnenen politischen Wiederkehr eines politischen Verständnisses vom Islam sein. Wie lassen sich diese Zusammenhänge erklären?

Wohlgemerkt, der islamische Universalismus ist klassischen Ursprungs, d. h. nicht − wie mancher Orientalist fälschlich annimmt − mit dem Internationalismus des zeitgenössischen Fundamentalismus gleichzusetzen. Von seiner Vision her ist der islamische Fundamentalismus unserer Gegenwart auf den flüchtigen Blick hin ebenso ein Universalismus. In seiner Realpolitik wirkt er jedoch ähnlich wie der neue ethnische Nationalismus; er will eine Großgruppe, in diesem Fall die islamische *Umma*, als Wir-Gruppe gegen die anderen mobilisieren. Die bisherigen Nationalismen in der Welt des Islam waren säkular, d. h., sie bezogen sich jeweils auf eine arabische, türkische, persische oder indonesische konstruierte Nation, also nicht mehr auf die universelle islamische *Umma*. Um diesen Konflikt zwischen dem säkularen Nationalismus und der neuen internationalistisch ausgerichteten Ideologie des islamischen Fundamentalismus besser zu verstehen, müssen wir uns den hierzu gehörigen historischen Kontext vergegenwärtigen.

Im Zeitalter der Moderne wird der Islam mit zwei widerstreitenden Ideen konfrontiert: dem säkularen Nationalismus und dem als islamisch, ja göttlich gedeuteten Gebot, einen politischen Rahmen für die universale *Umma*/Gemeinschaft zu errichten. Vor dem Ersten Weltkrieg galt das Osmanische Reich als real bestehender Ausdruck der islamischen *Umma*. Untersucht man den Zusammenstoß zwischen der Vorstellung einer islamischen Ordnung und säkularen Ideologien, dann erfordert das eine Erforschung der hauptsächlichen Belange des modernen Islam, dem man sich nicht ausschließlich über eine Textanalyse dogmatischer islamischer Schriften − so wie dies philologisch arbeitende Islamkundler tun − annähern kann.

Sicherlich würden traditionelle Wissenschaftler der westlichen Orientalistik ebenso wie islamische Fundamentalisten die Historisierung des Islam und die Kritik an der religiösen oder akademischen Schriftgläubigkeit mit Berufung auf die ›islamische Substanz‹ anfechten. Sie leugnen die Notwendigkeit einer Untersuchung des historischen Kontextes, in dem der Islam hervortrat und sich entwickelte. Für islamische Fundamentalisten ist jeglicher Unterschied zwischen der islamischen Wirklichkeit und den Inhalten tradierter Schriften lediglich auf ein Abweichen oder Abfallen von der oben genannten ›Substanz‹ zurückzuführen. Der Islam ist aber mehr als eine Schrift; er ist eine sich stets im Fluß befindliche Realität. Entsprechend führt die exegetische Vorgehensweise, d. h. das Studium der klassischen islamischen Texte, nicht zum Verständnis der Gegenwart. Nicht das europäische Vorurteil der Unveränderlichkeit und monolithischen Universalität des Islam, sondern die Konfrontation des Islam mit der europäischen Expansion (TIBI, 1981b) als historischem Hintergrund ist für das Verständnis unseres Gegenstandes, des arabischen Staatensystems, von Bedeutung. Es ist wichtig, sich die folgende Tatsache stets zu vergegenwärtigen: Die Geschichte des Islam ist durch kulturelle Vielfalt und unterschiedliche Entwicklungen gekennzeichnet. Historische Veränderungen bereichern den Islam, sind also keine Abweichungen von einer konstruierten islamischen Substanz, die nur in dogmatischer Literatur aufzufinden ist. Diese ist nur für Schriftgläubigkeit relevant, gleich ob sie islamisch-fundamentalistisch oder westlich-orientalistisch geprägt ist. Auf unseren Gegenstand bezogen, folgt aus dieser Erkenntnis, daß die politische Beschäftigung mit dem Islam in der neueren Geschichte auf die Einführung des säkularen Nationalstaates sowie auf die Legitimitätskrisen, die daraus erwachsen, fokussieren muß.

Zwischen Universalismus, Irredentismus und Ethnizität

Unser Ausgangspunkt ist von diesem Vorverständnis bestimmt. Historisch ist das 19. Jahrhundert sowie die Tatsache, daß im Zusammenhang mit der Expansion der ursprünglich europäischen internationalen Gesellschaft seitdem globale Verflechtungen einhergehen, von zentraler Bedeutung (WATSON, 1992). Die europäische Expansion bringt eine strukturelle Globalisierung hervor (CHASE-DUNN, 1989, Teil 2). Die kolonialen Eroberungen gehören in diesen historischen Kontext. Darauf folgte die Entkolonialisierung; sie bedeutete wesentlich die Übertragung westlicher Staatlichkeit auf nicht-westliche Zivilisationen. Das arabische Staatensystem ist als Produkt dieser historischen Entwicklung der Globalisierung zu deuten.

Im Verlaufe der europäischen Expansion verwandelte sich der europäische Markt in einen Weltmarkt, die bürgerliche Gesellschaft — jedoch nur äußerlich — in eine Weltgesellschaft. In diesem neuen Gebilde sind die Nationalstaaten die politischen Handlungseinheiten. In diese neue Struktur, die von den industrialisierten Ländern dominiert wird, sind die islamischen Völker einbezogen oder, genauer gesagt, gewaltsam eingefügt worden. Das arabische Staatensystem ging — wie schon mehrfach ausgeführt — aus der Auflösung der islamischen Ordnung hervor (FROMKIN, 1989). Sozialwissenschaftler haben sich in bezug auf die aus der Globalisierung hervorgegangene internationale Gesellschaft mit zwei Aspekten zu beschäftigen, die ihre Struktur und ihre Ideologie betreffen:

Erstens ist danach zu fragen, in welchem Maße traditionelle soziale Strukturen der islamischen Ordnung zerrüttet oder verändert wurden und ob der Begriff der internationalen Gesellschaft substantiell die Verankerung globalisierter moderner Sozialstrukturen beinhaltet. *Zweitens* ist ›Ideologiekritik‹ in jenem Sinne zu leisten, daß zu überprüfen ist, wie Menschen veränderte soziale Realitäten wahrnehmen und welche Symbole zur Legitimation der neu entstandenen Sozialstrukturen herangezogen werden. Dieses Wechselspiel zwischen struktureller Veränderung und kulturell-normativer Verarbeitung bildet den Titel einer meiner zentralen Islamstudien: ›Der Islam und das Problem der kulturellen Bewältigung sozialen Wandels‹ (TIBI, 1985a).

Von diesem Bezugsrahmen aus betrachtet, besteht die Welt unserer Gegenwart ausschließlich aus souveränen Nationalstaaten, die als Handlungseinheiten sowohl in praktischer als auch in völkerrechtlicher Hinsicht die Akteure im internationalen System sind. Strukturell und kulturell ist die Institution des Nationalstaates nicht-westlichen Zivilisationen fremd. Auch aus diesem Grund sind drei politische Hauptströmungen, die der Oberhoheit des Nationalstaates entgegenstehen, zu erkennen:

1. die Forderung nach einem Universalismus/Internationalismus über die Grenzen des Nationalstaates hinaus (Beispiel: der Islam),

2. das Plädieren für einen Irredentismus (= nationale Einheitsbestrebung). Dieser verfolgt ähnlich wie der Universalismus das Ziel, die bestehenden Grenzen souveräner National-

staaten in Frage zu stellen, jedoch ist diese Bestrebung national begrenzt (z. B. Panarabismus oder früher Panafrikanismus als Spielarten des Irredentismus, vgl. dazu FARAH, 1987),

3. die Verteidigung der Ethnizität, deren Anhänger (Wir-Gruppe) − Beispiel Quebec-Franzosen oder Kurden − die Abspaltung von bestehenden Staaten anstreben und somit zu separatistischen Forderungen greifen.

Diese drei Kräfte − Universalismus, Irredentismus und Ethnizität − zwischen denen das arabische Staatensystem hin- und herpendelt, stellen zugleich Herausforderungen und ernst zu nehmende Gefahren dar.

Der Universalismus erscheint im islamischen Kontext in der Form eines göttlichen Gebots, das die Errichtung einer religiösen kohärenten islamischen *Umma*/Gemeinschaft (Einheit aller Muslime) zum Ziel hat (*Hakimiyyat Allah*/universeller Gottesstaat). Das ist die Forderung der Fundamentalisten. Im arabischen Orient manifestiert sich der nationale Irredentismus dagegen im Ideal der arabischen Einheit. Obwohl dieses Ziel in unserer Zeit relativ in den Hintergrund getreten ist (FARAH, 1987, Kap. 5), legen alle Regime des arabischen Staatensystems immer noch ihre Lippenbekenntnisse zum Panarabismus ab. Schließlich manifestiert sich der Separatismus in Verbindung mit ethnischen Konflikten innerhalb der bestehenden Nationalstaaten (z. B. die Kollision zwischen Berbern und Arabern in Marokko und Algerien) und in Form von Aktivitäten separatistischer ethnischer Gruppen, die − auch wenn sie islamisch sind − versuchen, ihren eigenen Nationalstaat zu errichten (z. B. die nicht-muslimischen Dinka im Sudan und die Kurden). Ethno-Politik ist in diesem Zusammenhang als eine der zentralen Konfliktquellen im arabischen Staatensystem einzuordnen (ESMAN u. RABINOVICH, 1988).

Nach Erläuterung dieser drei politischen Kräfte möchte ich mich im folgenden auf den Wettstreit der Ideologien des arabischen Nationalismus und des islamischen Universalismus konzentrieren. Hierbei wird die Frage aufgeworfen, in welcher Beziehung das Konzept der *Umma* zu diesen beiden Ideologien steht. Am Schluß des Kapitels wird dann ein Blick auf die Bedeutung der erneuten Politisierung des Islam im Lichte der Krise des Nationalstaates und der Delegitimierung des Panarabismus als einer Ideologie des arabischen Staatensystems geworfen.

Zunächst möchte ich die sehr wichtige Unterscheidung zwischen dem Islam als einer Religion bzw. als autochthoner Zivilisation auf der einen, und als politischer Ideologie im Sinne von Fundamentalismus auf der anderen Seite vornehmen (TIBI, 1995b, Teil 2). Der Nationalismus ist dagegen eine akkulturative politische Ideologie, die Araber und andere Muslime vom Westen übernommen und auf eigene Verhältnisse (Akkulturation) übertragen haben. Der politische Islam und der säkulare Nationalismus können als Ideologien auf drei Ebenen untersucht werden: *Erstens* können sie auf einer allgemein begrifflichen Ebene, also abstrakt, ohne Bezug auf einen sozialen Hintergrund behandelt werden. *Zweitens* kann man ihren autochthonen, d. h. lokalen Kontext erforschen und schließlich *drittens* versuchen, die Analyse − über die autochthone Ebene hinaus − in das internationale Umfeld (d. h. den globalgesellschaftlichen Hintergrund) einzubetten. Im Rahmen der vorliegenden Studie werde ich zunächst mit dem globalen Aspekt beginnen und später auf die anderen Ebenen eingehen.

Der globalhistorische Hintergrund von Islam und panarabischem Nationalismus

Die Weltgeschichte kennt unterschiedliche Staatstypen: z. B. den Stadtstaat, den mittelalterlichen universellen Staat (das Imperium), den Dynastiestaat und, was für uns von besonderem Interesse ist, den modernen Nationalstaat. Dementsprechend sind Historiker mit verschiedenen Vorstellungen über die Aufrechterhaltung der Legitimität des Staates vertraut. Der Nationalstaat ist jedoch eine Erscheinung, die auf die europäische neuere Geschichte zurückgeht. Das moderne Naturrecht sowie die Idee der Volkssouveränität bestimmen den Inhalt der Idee der Nation und verleihen ihr eine besondere Vorstellung von Legitimität. Im Widerstand gegen die europäische Durchdringung haben nicht-europäische Völker den Nationalismus als Basis ihrer antikolonialen Ideologie übernommen (BREUILLY, 1985, Kap. 4−9). Die damit einhergehende umfassende Umstrukturierung der nicht-westlichen Zivilisationen gipfelte in ihrer Einbindung in das internationale nationalstaatliche System (MAYALL, 1990). Die Idee der Nationalität entwickelte sich hierbei zu einem globalen Phänomen. Doch befindet sich der

Nationalstaat im Übergang zum 21. Jahrhundert in einer globalen Krise (DUNN, 1995).

In der Fachliteratur über die anstehende Thematik wird der Gegenstand vornehmlich beschrieben, nicht aber analytisch durchdrungen. Gewöhnlich findet man entweder eine nacherzählte Geschichte über eine spezifische Periode oder aber die Darstellung einer ›Geistesgeschichte‹ im Hegelschen Sinne. Dabei kann festgestellt werden, daß die Bemühung um Konzeptualisierung fast vollständig fehlt. Häufig schreiben westliche Autoren wertbeladen und essentialistisch (man denke an die textgläubige Deutung des Islam als unveränderbare ›Essenz‹) über andere Zivilisationen, so auch über die Natur des Islam und jene des arabischen Nationalismus. Eric Davis-Willard hat diese Literatur wie folgt kritisiert:

> ›Es ist offensichtlich, daß Arbeiten über den arabischen Nationalismus durch eine Tendenz, Ideologie im Sinne einer sozialen Pathologie zu betrachten, gefärbt werden. Arabische Ideologien werden als irrational und verschwommen beschrieben. Sie hätten die arabische Geschichte in einen Mythos verwandelt und die wahre Bedeutung der islamischen Doktrin verdreht‹ (DAVIS-WILLARD, 1978: 26).

Viele Arbeiten werden von Davis-Willard als Beispiele für einen derartigen orientalistischen Ansatz angeführt. Die Orientalisten ignorieren die drei schon angesprochenen paradigmatischen Analyseebenen, die Voraussetzung für ein besseres Verständnis des Islam und des arabischen Nationalismus als politische Ideologien im arabischen Staatensystem sind. Rufen wir uns die drei Ebenen der Analyse in Erinnerung: 1) Ideologiekritik, 2) Erforschung des lokal-autochthonen Kontextes und 3) seine Einbettung in das internationale Umfeld.

Um den ersten dieser Schritte ausführen zu können, muß man klassisch auf den Begriff des Politischen im Islam (TIBI, 1996c: Kap. 3) und zeithistorisch auf die als arabische Nation konstruierte Gemeinschaft zurückgreifen. Die arabische Übersetzung des Wortes ›Nation‹ ist *Umma*. Sowohl Anhänger des politischen Islam als auch panarabische Nationalisten verwenden diesen Terminus. Sein Gebrauch als Umschreibung für ›Nation‹ resultiert aus dem europäischen Einfluß; der traditionelle Begriff der *Umma* hat eine vollkommen andere Bedeutung und einen anderen historischen Hintergrund.

Die islamische Dimension

Vor der islamischen Religionsstiftung organisierten sich die Araber als *Qaum*/Volk, jedoch im Sinne von Stammesgemeinschaft. Die Vereinigung der Araber innerhalb des Gebildes der islamischen *Umma* war, wie Forschungen W.M. Watts gezeigt haben, der große Beitrag zur islamischen Zivilisationsgeschichte (WATT, 1968). Diese islamische *Umma* ist universell, sie ist weder ethnisch noch national bestimmt. Im Islam gilt auf der normativen Ebene nur ›die Frömmigkeit als einziges Unterscheidungskriterium zwischen Arabern und Nicht-Arabern/*La farq bayn 'Arabi wa 'adjami illa bi-al-taqwa*‹. Die innerhalb der islamischen Geschichte allzeit bekannten Konflikte zwischen arabischen und nicht-arabischen Muslimen/*Mawali* können am besten als ethnische Konflikte interpretiert werden, obwohl sie in zeitgenössischen panarabischen Pamphleten als nationale Konflikte dargestellt werden. ›Ethnisch‹ bezieht sich auf eine ›Wir-Gruppe‹, ›national‹ auf die ›Nation‹; beide sind somit nicht identisch.

In der gegenwärtigen politischen islamischen Ideologie wird der Islam sowohl als politische Identität als auch als Rahmen einer islamischen politischen Gemeinschaft dargestellt und darüber hinaus als ein politisches System interpretiert. Es stellt sich hier die Frage, in welchem Maße die Geschichte durchaus diese Deutung rechtfertigt.

Der Prophet Mohammed sammelte zunächst in Mekka eine kleine Gruppe von Jüngern und Anhängern um sich. Jene standen 622, zu Beginn des islamischen Zeitalters/*Hidjra* unter dem Zwang, in die nahegelegene Stadt Medina zu emigrieren. In Medina gründete Mohammed einen Stadtstaat, der vor allem ein politisches Gemeinwesen darstellte. Mohammed war daher nicht einfach ein religiöser Führer, sondern auch ein fähiger Politiker und Militärstratege. Nach den Worten des französischen Religionssoziologen Maxime Rodinson verband der Prophet Mohammed ›in einem einzigen Wesen Jesus und Karl den Großen‹ (RODINSON, 1975: 279). Dank der Verschmelzung dieser Qualitäten konnte aus dem religiös bestimmten Stadtstaat von Medina ein Großreich und aus Mohammeds kleiner Sekte eine Weltreligion entstehen. Bis zu seinem Zusammenbruch im 13. Jahrhundert war das arabisch-islamische Reich Ausdruck einer der größten Zivilisationen der Welt (HODGSON, 3 Bde., 1974).

Für unsere Problematik ist das im 14. Jahrhundert gegründete Osmanische Reich als die letzte islamische Ordnung von besonderer Bedeutung (KINROSS, 1977). Dieses letzte islamische Reich war vorwiegend feudal-militärisch ausgerichtet. Konfrontiert mit dem Aufstieg des Westens und seiner militärischen Revolution (PARKER, 1989) konnte dieses islamische Reich seine *Djihad*-Expansion nicht mehr weiter vorantreiben. Nach einer Reihe entscheidender politischer und militärischer Niederlagen zerfiel das Osmanische Reich und wurde schließlich im Jahre 1924 aufgelöst, nachdem die kemalistische Revolution das Kerngebiet des Reiches, die Türkei, in eine säkulare Republik verwandelt hatte (LEWIS, 1979).

Im Lichte dieser Spannung zwischen islamischem Glanz und Niederlage entwickelte sich im Islam eine Defensivkultur (TIBI, 1981b). Die Kombination von 1) europäischer kolonialer Penetration, 2) Niedergang des Osmanischen Reiches als islamische Ordnung und 3) Globalisierung der technisch überlegenen europäischen Zivilisation wird von islamischen Völkern als reale Bedrohung empfunden und bildet die Basis antiwestlicher Orientierung. Der Fundamentalismus ist die jüngste Spielart dieser Einstellung.

Die erste Reaktion auf die als Bedrohung empfundene Globalisierung manifestierte sich in der Mobilisierung des Islam gegen die westlichen Eindringlinge. Djamal al-Din al-Afghani, der führende islamische Denker des 19. Jahrhunderts, deutete den Rückgriff auf den Islam als antikolonialen *Djihad* gegen Europa (TIBI, 1987b: 373ff.). Ganz in diesem Sinne überschrieb al-Afghanis amerikanische Herausgeberin und Biographin, Nikki Keddie, ihre Sammlung der Arbeiten al-Afghanis mit: ›Eine islamische Antwort auf den Imperialismus‹ (KEDDIE, 1983).

Die frühen Formen des antikolonialen *Djihad* waren gegen die vom Westen ausgehende Globalisierung gerichtet. Der von al-Afghani ausgerufene *Djihad* konnte den Prozeß der Einbindung der Welt des Islam in ein globales Weltgefüge nicht aufhalten. Ein Produkt dieses Prozesses sind die verwestlichten arabischen Eliten, die einen liberalen Islam vertreten und in der Tradition des säkularen Denkens westlicher Zivilisation stehen

(Tɪʙɪ, 1996c: Kap. 7 u. 8). Der Widerstand gegen den Kolonialismus wird von den Mitgliedern dieser Eliten nicht mehr als *Djihad*, sondern vielmehr in europäischen Begriffen wie Volkssouveränität, Nation und Nationalstaat artikuliert. In diesem Sinne ist der säkulare panarabische Nationalismus kein Ableger des Panislamismus, wie viele europäische Historiker, z. B. Ansprenger, ohne das nötige Fachwissen behaupten. Der Panislamismus ist eine Idee von einer islamischen Ordnung, während der Panarabismus vom europäischen Organisationsprinzip des Nationalstaates ausgeht. In diesem Sinne ist der panarabische Nationalismus die Ideologie des arabischen Staatensystems, wohingegen der politische Pan-Islam von der Vorstellung einer vereinigten islamischen *Umma* ausgeht.

Nach der Auflösung der islamischen Ordnung: Die Projektion der Moderne und die Entstehung der ›halben Moderne‹

Zwar sind säkularer Panarabismus als Irredentismus und Pan-Islam als ein angepaßter Universalismus in ihren politischen Anschauungen unvereinbar, dennoch stehen beide, so erstaunlich es klingt, in ihrer Bestimmung von *Nizam*/System und *Umma*/Nation oder Gemeinschaft gleichermaßen unter westlichem Einfluß. Es scheint mir hier wichtig, über die zeitgeschichtliche Aktualität hinausgehend zu erläutern, was die soeben angeführten Begriffe bedeuten, weil dies hilft, die Spannungen zwischen dem universell-religiös ausgerichteten Pan-Islam und dem säkularen irredentistischen Panarabismus im arabischen Staatensystem zu verstehen. In beiden Fällen werden moderne Inhalte in klassische Begriffe (*Umma*) projiziert oder neue Begriffe geprägt (*Nizam*) und in eine islamische Form gegossen. Die kulturelle Moderne wird hierbei entweder oberflächlich nachgeahmt (von den arabischen Nationalisten) oder von Islamisten ihres Geistes beraubt und zu einer halben Moderne (Tɪʙɪ, 1992b: Einleitung) verzerrt.

Der Islam verkündet, daß alle Muslime eine vereinte *Umma*/ Gemeinschaft bilden. Wurde dieses Gebot je umgesetzt? Der bedeutendste deutsche Islamwissenschaftler, Josef van Ess, befindet in seinem mehrbändigen Werk über den Früh-Islam:

54

›Man handelte und dachte im Kollektiv. Dabei verstand man dieses Kollektiv vorwiegend als soziale Gruppe, der man gerade angehörte. Der *Umma*-Begriff, der heute hochgeschätzt wird, spielte kaum eine Rolle ... Die Stämme hatten je ihre eigene Moschee ... man wollte nicht hinter jemandem das Gebet verrichten, mit dem man ... nicht übereinstimmte‹ (VAN ESS, 1991: 17).

Aus dieser auf islamischen Quellen basierenden Deutung geht hervor, daß der *Umma*-Begriff heute im Sinne des islamischen Internationalismus eine andere, wohl moderne Bedeutung erlangt hat. Im Gegensatz zum klassischen *Umma*-Begriff, der, wie van Ess hervorhebt, heute zu sehr strapaziert wird, ist der *Nizam*/System-Begriff neu-arabisch. Er wird gleichermaßen von Panarabisten (*al-Nizam al-Arabi*/arabisches System, vgl. HILLAL u. MATTAR, 1983) wie von Pan-Islamisten (*al-Nizam al-Islami*/ islamisches System, vgl. AL-AWWA, 1983) verwendet. Dabei stellt sich die Frage, ob der Islam als Religion überhaupt Bausteine für ein diese Gemeinschaft verbindendes politisches System liefert, wie die Projektion der modernen Idee der Gemeinschaft in das arabische Stammeswesen unterstellt. Wichtig ist zu wissen: Der Begriff *Nizam*/System, der in modernen islamischen Schriften anzutreffen ist, existiert weder im Koran noch in den autoritativen klassischen Quellen. Der große Harvard-Islam-Gelehrte W.C. Smith stellt klar:

›Der Terminus (*Nizam*) kommt weder im Koran vor, noch findet sich dort irgendein Wort, auf den er sich ursprünglich beziehen könnte: und es wäre sehr verwunderlich, wenn jemals ein Muslim diesen Begriff im religiösen Sinne in vormodernen Zeiten benutzt hätte. Die Bedeutung des Begriffs, daß sich das Leben innerhalb eines Systems, sogar innerhalb eines idealen Systems, ordnen ließe oder läßt und daß es die Aufgabe des Islam sei, ein solches System bereitzustellen, scheint eine moderne Idee zu sein‹ (W.C. SMITH, 1978: 117).

Es ist richtig, daß die Politik in der klassischen islamischen Ideengeschichte als Gegenstand angesprochen wird. Das klassische politische Denken im Islam kreiste jedoch um die religiösen Quellen der Politik, wie z. B. die Qualifizierung der Herrscher gemäß den Vorgaben der *Schari'a*. Bekanntlich wirkten die islamischen Schriftgelehrten/*Ulema*, die im Grunde die politischen Denker im Islam waren, letztlich als Legitimatoren: Sie erfüllten die Aufgabe, die jeweils bestehende politische Macht für legitim, d. h. mit der *Schari'a* vereinbar, zu erklären. Der verstorbene islamische Oxford-Gelehrte Hamid Enayat beschreibt im einzelnen

> ›das Fehlen eines unabhängigen politischen Denkens in der islamischen Geschichte. Entsprechend ihrer Tradition studierten Muslime selten die Politik in Abgrenzung zu benachbarten Disziplinen.‹ Enayat führt fort: ›Nur unter dem Trauma des militärischen, politischen, wirtschaftlichen und kulturellen Übergriffs Europas seit dem Ende des 18. Jahrhunderts begannen muslimische Eliten, separate Arbeiten über spezifische politische Themen zu verfassen‹ (ENAYAT, 1982: 3).

Die ›halbe Moderne‹ (hierzu TIBI, 1992b: 12–27) islamischer und arabischer Denker besteht darin, auf der Basis der Projektion des Neuen auf das Alte den Versuch zu unternehmen, das moderne Konzept des Nationalstaates auf den Islam und auf die islamische *Umma* parallel zur Loslösung des Gegenstandes vom ursprünglichen Kontext zu übertragen.

Islam, Arabismus, Fundamentalismus

Islam und Nationalismus in Einklang zu bringen, war z. B. das Anliegen von 'Abdulrahman al-Bazzaz. Für diesen Vertreter der halben Moderne bilden Islam und Arabismus (*'Uruba*) eine unzertrennliche Einheit. Der vom irakischen Diktator Saddam Hussein hingerichtete al-Bazzaz stellte einst fest, daß

> ›wahrer Nationalismus und der ursprüngliche Islam nicht für sich isoliert betrachtet werden und niemals Rivalen sein können. Im Gegenteil, sie gehen schnellen Schrittes, Seite an Seite‹ (al-BAZZAZ, 1964: 185).

Andere muslimische Autoren haben das Konzept nationaler Souveränität und die damit einhergehende Vorstellung des säkularen Staates übernommen. Eine entschieden säkulare Position vertrat der ideologische Vater des Panarabismus, Sati' al-Husri. Sein primärer Grundsatz lautet:

> ›Religion ist eine Angelegenheit zwischen dem Individuum und Gott, während das Vaterland alle angeht/*al-din li-Allah wa-al-watam li-al-djami*'‹ (AL-HUSRI, 1963, dazu TIBI, 1987a).

Bezieht man den autochthonen Kontext der politischen Ideologien des Arabismus einerseits und des Islam andererseits in die Analyse mit ein, dann muß klargestellt werden, daß Kontroversen um die unterstellte Übertragbarkeit dieser Ideologien auf den arabischen Osten (*Maschrek*) beschränkt blieben. Dort standen bei der Geburt des arabischen Nationalismus Fragen über christliche Minderheiten und die Beziehungen der Araber zur osmanischen Herrschaft der Türken weit mehr im Vordergrund als auf den Islam bezogene Fragestellungen. Im arabischen Westen (*Maghreb*), der mit dem europäischen Kolonialismus sehr viel früher konfrontiert wurde, gab es dagegen (bis auf kleine jüdische Gruppen) keine nicht-islamischen Minderheiten. Weil die osmanische Herrschaft im *Maghreb* de facto bereits im 19. Jahrhundert zu Ende war, kleideten sich antikoloniale nationalistische Ideologien immer in ein islamisches Gewand und nahmen – bis auf den Bourgibismus in Tunesien – keinen säkularen Charakter an.

Eine der auffallendsten Antworten auf den Konflikt zwischen Islam und Nationalismus im arabischen Staatensystem lieferte der ägyptische Wissenschaftler 'Ali 'Abd al-Raziq; er versuchte, den Islam als ein rein religiöses Gedankensystem, das wiederholt und unangemessenerweise für politische Ziele mißbraucht wurde, zu interpretieren. In seinem 1925 erschienenen wichtigen Werk ›Der Islam und die Grundlagen der Herrschaft/ *al-Islam wa-Usul al-Hukm*‹ (dazu TIBI, 1987a: 159ff.) unterstrich er kämpferisch, daß der Islam weder eine politische Ideologie noch eine Staatsform sei. 'Abd al-Raziq, der vor der Publikation seines Buches das Amt eines islamischen Richters bekleidet und das islamische Recht, die *Schari'a*, an der al-Azhar-Universität gelehrt hatte, argumentierte nunmehr, daß Mohammed zwar ein religiöser, jedoch kein politischer Führer gewesen sei. Auch biete seiner Meinung nach weder der von Allah offenbarte Koran noch die *Sunna* des Propheten eine Legitimationsbasis für die angeblichen politischen Ordnungsvorstellungen im Islam; diese sind das Kalifat der sunnitischen Muslime und das Imamat der iranischen schi'itischen Muslime.

Nach dem Erscheinen von 'Abd al-Raziqs Buch ging man in der islamischen Welt relativ sicher davon aus, daß der Konflikt zwischen den Anhängern der islamischen Ordnung und den Säkularisten im Islam ein für allemal zugunsten der letzteren entschieden worden sei. Der politische Islam rückte danach in den Hintergrund und schien zunächst den Weg für den säkularen Nationalismus freizumachen (TIBI, 1996c: Kap. 8).

Der geistige Vater des arabischen Nationalismus, Sati' al-Husri, lieferte die Grundlagen des säkularen Panarabismus (über ihn TIBI, 1987a, Kap. 6–7). Er übernahm hierbei Herders und Fichtes spezifisch deutsches Nationalismus-Konzept, nach dem jede Nation eine kulturelle Gemeinschaft umschließt. Eine solche Gemeinschaft wird nicht durch das einigende Band der gemeinsamen Religion, sondern durch die gemeinsame Sprache zusammengehalten. Arabische Nationalisten versuchten demzufolge, die Zugehörigkeit zum Islam zu entpolitisieren und diese auf eine rein religiös-kulturelle Identität zu reduzieren. Ihren Ausführungen nach waren arabische Christen und Muslime durch eine gemeinsame Sprache und Geschichte verbunden, so daß sie gemeinsam eine säkulare Nation bildeten. Andere Völker wie beispielsweise die Iraner oder Türken, die mit den Arabern nur die islamische Religion gemeinsam haben, wurden von Panarabisten als ›Ausländer‹ betrachtet, die nicht zur arabischen *Umma* gehörten. Die Zugehörigkeit zur Kulturgemeinschaft und nicht die zur Religionsgemeinschaft bildet hier die Basis der Exklusivität. Das arabische Staatensystem umfaßt demnach nur arabische Staaten und wird nicht islamisch definiert.

Die auf der Basis der Übernahme der Moderne, jedoch ohne ihre Wurzeln eingeführte Säkularisierung im Nahen Osten signalisierte nicht nur die Trennung von Staat und Religion in den neuen Staaten; zu den Folgen gehörte auch die Aufspaltung der islamischen Gemeinschaft, der *Umma*, in zahlreiche Nationen. Es stellt sich die Frage, ob diese Aufsplitterung eine rein ideologische Zielrichtung zum Ausdruck bringt oder ob sie eine tiefere, d. h. strukturell verankerte Bedeutung hat. Obwohl ich einigen Schlußfolgerungen Leonard Binders nicht zustimme, sehe ich den Wahrheitsgehalt seiner grundlegenden Feststellung, daß die tiefe psychologische und soziale Bindung der Muslime an den Islam und an die muslimische Gemeinschaft

> ›geringe politische Aussagekraft hatte, d. h. sie legte nicht die Grenzen der politischen Gemeinschaft fest ... Das Konzept der *Umma* diente eher als Angelpunkt für die Lösung der Identitätsfrage in bezug auf die Muslime als Individuen innerhalb der islamischen Geschichte‹ (BINDER, 1964: 131).

Nach der Auflösung der islamischen Ordnung schien die *Umma* im Sinne einer politischen Gemeinschaft der islamischen Geschichte anzugehören.

Seit den frühen 70er Jahren verändert das verstärkte Auftreten des islamischen Fundamentalismus grundlegend die politische Arena. Ein Höhepunkt war die ›islamische Revolution‹ (1979) im Iran. Sogar einige sunnitische Muslime neigten dazu, die schi'itische Revolution im Iran als nachahmenswertes Modell zu betrachten. Die Idee einer vom nicht-arabischen Iran ausgehenden ›islamischen Revolution‹ ist eine Herausforderung an die Idee und die Realität des arabischen Staatensystems. Fundamentalisten stellen diese Revolution als eine islamische Brücke dar, die die arabischen mit den nicht-arabischen Muslimen verbinde. Für einige Beobachter der politischen Szene im Nahen Osten scheint dieses Phänomen den aktuellen Stand der Dinge in bezug auf den Islam und den arabischen Nationalismus widerzuspiegeln.

Die Legitimitätskrise: Zwischen politischem Islam und delegitimiertem panarabischen Ideal

Zu den großen Herausforderungen an das arabische Staatensystem gehört der Aufstieg des politischen Islam. Vor diesem Prozeß hatte der Islam als politische Ideologie in diesem Staatensystem nur geringen Stellenwert. Als Glaubenssystem und als Quelle der Symbolik und Weltanschauung lebte er jedoch unerschüttert fort. Bei der fundamentalistischen Herausforderung handelt es sich um eine Repolitisierung des Islam und um den Versuch, islamische Symbole über die Rhetorik hinaus auf die Politik zu übertragen. In diesem Kontext wird auf den Islam als Artikulationsform für politische und ökonomische Forderungen zurückgegriffen. Der Islam wird somit nicht als Religion für die Muslime erneuert, sondern dient als beliebig verfügbares ideologisches Instrument.

Meine eigenen, in vielen arabischen Ländern gesammelten Erfahrungen untermauern die Aussage, daß viele Anhänger des politischen Islam nur über ein sehr begrenztes Wissen über den Islam verfügen. Sie sind vornehmlich darauf bedacht, ihre politischen, sozialen und ökonomischen Anschauungen in ein politisiertes islamisches Vokabular zu übersetzen. Seit der iranischen Revolution sind ursprünglich säkularistische arabische Intellektuelle, sobald sie den Islam als politische Oppositionsideologie wiederentdeckt hatten, vom arabischen Nationalismus und sogar in einigen Fällen vom Marxismus abgekommen. Die iranische Revolution war in den letzten Jahrzehnten die erste in der Region des Nahen Ostens, die nicht von Armeeoffizieren, sondern von den Massen, wenn auch nicht geleitet, so doch durchgeführt wurde. Als scheinbare Massenbewegung hat sie die arabischen Intellektuellen fasziniert, wovon z. B. einige interessante und repräsentative Artikel in der Beiruter Zeitschrift *al-Fikr al-'Arabi al-Mu'asir* zeugen. Für die Autoren in dieser, von dem bekannten Intellektuellen Muta' as-Safadi herausgegebenen Zeitschrift ist bezeichnend, daß sie einerseits den Islam als politische Oppositionsideologie wiederentdecken und andererseits − obwohl sie die iranische Revolution als stimulierendes Beispiel anerkennen − den Arabismus als Bezugsrahmen für das arabische Staatensystem nicht verwerfen. Man wird hier an die frühen, oben angeführten Stellungnahmen von al-Bazzaz erinnert, der die Verbindung zwischen Arabismus und Islam in den Vordergrund stellte. Mit der neuen Welle des politischen Islam allerdings erfolgte eine Gewichtsverlagerung von der gewöhnlichen nationalistischen Rhetorik zugunsten einer in einigen Koranversen implizierten sozialen Kritik. Trotzdem wird das Hauptaugenmerk weiterhin auf das Arabische im Islam, auf seine Offenbarung für die Araber in der arabischen Sprache gelegt. In seinem Artikel ›Die Araber, der Islam und die Iranische Revolution‹ hebt Dr. Nasif Nassar abermals die Verbindung zwischen dem Islam und dem Arabismus hervor:

> ›Die Araber … können nicht nachfühlen, daß sie die iranische Revolution als ein Modell für ihr politisches und zivilisatorisches Handeln zu akzeptieren haben, obwohl sie bis zu einem gewissen Grade mit ihr sympathisieren … Der Islam ist ursprünglich arabisch. Einige werden sogar sagen, der Islam habe ein arabisches Gesicht und eine arabische Seele. Diese Realität untermauert die Überzeugung der Araber, daß die nicht-arabischen Völker, die den Islam übernommen haben, nie fähig sein werden, ihn zu verstehen, ihn zu interpretieren oder gar ihn besser, als die Araber es könnten, anzuwenden‹ (NASSAR in: *al-Fikr al-'Arabi al-Mu'asir*, Juni-Heft, 1980: 13).

Die zitierte Verbindung von Islam und Arabismus zeigt eine Komponente der islamischen Wiedergeburt, die keine Herausforderung für das arabische Staatensystem darstellt. Diese Variante ist jedoch nicht für den ganzen Nahen Osten repräsentativ. In Ägypten sowie in den *Maghreb*-Staaten und in den Golf-

Emiraten kann man beispielsweise parallel zu einer Bewegung vom panarabischen Nationalismus hin zum Regionalismus eine Spielart des Islamismus beobachten, die universalistisch orientiert ist, d. h. die soeben zitierte exklusive Verbindung von Arabismus und Islamismus nicht zuläßt.

Generell können wir eine Legitimitätskrise (HUDSON, 1977 u. SONN, 1990) im arabischen Staatensystem feststellen, die Spannungen und Krisen erzeugt. Die Abkehr vom säkularen Modell des Nationalstaates hat ihre Ursachen in den Bedingungen der soziopolitischen und -ökonomischen Krisenerscheinungen in jener Region. Gleichzeitig fördert die immer tiefer werdende Kluft zwischen dem nördlichen Mittelmeerraum (Westen) und dem südlichen und östlichen Mittelmeerraum (arabischer Teil des *Dar al-Islam*/Haus des Islam) die populistischen antiwestlichen Einstellungen. Säkulare Ideologien, denen sich westlich-gebildete, relativ privilegierte arabische Eliten angeschlossen hatten und die letztlich ihren Ursprung in der international dominierenden westlichen Zivilisation haben, können nicht länger von Völkern, die den Ursprung dieser Ideologien zurückweisen, anerkannt werden. Diese große Krise, nicht der Islam als Religion, kennzeichnet das wahre Problem. Auf den Islam greifen die Fundamentalisten instrumentell zurück.

Das arabische Staatensystem geht gegenwärtig durch die schwerste Krise seiner jungen Geschichte. Ob es die bestehenden Herausforderungen bewältigen kann, ist ungewiß. Die Frage, ob sich die spezifisch arabische Staatengemeinschaft auflösen wird – sei es durch Staatenzerfall und Fragmentation, sei es durch Integration in einen islamischen Zivilisationsblock –, muß der Zukunft überlassen bleiben, weil die Frage nur spekulativ beantwortet werden kann. Es scheint jedoch so zu sein, daß sich das arabische Staatensystem in dem Spannungsverhältnis zwischen islamistischen und panarabischen Perspektiven entweder auf seine Teilregionen zurückziehen (vor allem der Golf-Nationalismus) oder sich in Richtung auf eine Abwendung vom gesamten System entwickeln wird.

Marokko bietet ein Beispiel hierfür durch seine Öffnung nach Europa im Anschluß an die EU-Assoziierung bei gleichzeitiger faktischer Abkoppelung von der ›arabischen Welt‹, ja selbst von der Teilregion des *Maghreb*. Hinter dieser Einstellung steht die Angst vor *Spill-over*-Effekten (Ausbreitungseffekten) der algerischen Verhältnisse. Ein Gegenszenario zu beiden Trends scheint nur die geopolitische Idee der Einheit des Mittelmeeres zu versprechen. Der Barcelona-Mittelmeergipfel vom November 1995 sowie zuvor die Wirtschaftsgipfel von Casablanca (Okt. 1994) und Amman (Okt. 1995) und auch die Gründung einer vom Westen getragenen, in Kairo angesiedelten regionalen *Bank of Development of the Middle East* (hierzu meine Berichte im Wirtschaftsteil der FAZ vom 2. Januar und 13. Februar 1996) sind westliche Versuche, das arabische Staatensystem im Rahmen einer Mittelmeerfriedensordnung als ›südlichen und östlichen Mittelmeerraum‹ einzuordnen. Ist das eine für die Zukunft erfolgversprechende Strategie zur Krisenbewältigung? Ich vermag diese Frage zu diesem Zeitpunkt noch nicht zu beantworten!

Kapitel 4:
Die arabischen Staaten: Ein regionales Subsystem oder eine zivilisatorische Staatengemeinschaft?

Das arabische Staatensystem steht nicht isoliert da; es gehört zum internationalen System der Nationalstaaten. Hierbei stellt sich folgende Frage: Ist das internationale System (BULL, 1977: 13 ff.) eine homogene Staatengemeinschaft? Oder besteht es aus zivilisatorisch unterschiedlichen Teileinheiten? Vor dem Ende des Kalten Krieges war die Welt bipolar, d. h. in zwei Staatenblöcke unterteilt. Manch ein Polemiker weist die These, wir erlebten im Übergang zum 21. Jahrhundert ein Zeitalter der Zivilisationskonflikte, mit der propagandistischen Behauptung zurück, der Westen benötige nach dem Zusammenbruch des kommunistischen Staatenblocks ein neues Feindbild, das er nun in anderen Zivilisationen suche (TIBI, 1996a). Ist die Beobachtung zivilisatorischer Blockbildung in der internationalen Politik ein Zeichen der Suche nach einem neuen Kalten Krieg?

Bereits im Jahre 1962, also auf dem Höhepunkt des Ost-West-Konflikts, schrieb der große Raymond Aron in seinem Buch ›Frieden und Krieg‹, daß die Teilung der Welt in zwei Blöcke – Kapitalismus und Kommunismus – künstlicher Natur sei und die realen Konfliktquellen verschleiere, die in der ›Heterogenität der Zivilisationen‹ begründet seien (ARON, 1962, dt. Übers. 1986: 468). Ohne explizit auf diese Heterogenität als Erklärungsmuster einzugehen, habe ich in dem vorangegangenen dritten Kapitel gezeigt, welches Konfliktpotential die Einführung des europäischen Modells des souveränen Nationalstaates in eine ihm zivilisatorisch fremde Welt – in diesem Fall die Welt des Islam – mit sich bringt. Im folgenden will ich die Wechselwirkung von lokal-regionaler Eigenbestimmung bzw. -dynamik und globalen Strukturen im internationalen System aufzeigen und hierbei den Versuch unternehmen, die in der Überschrift dieses Kapitels enthaltene Frage zu beantworten.

Die politische Geographie der Region des arabischen Staatensystems

Bereits gegen Ende der fünfziger Jahre hat Leonard Binder, ein Fachwissenschaftler der internationalen Politik, das allzu globale Denken in seinem Metier am Beispiel des Nahen Ostens und seines arabischen Staatensystems beanstandet. Binder ist in der Politikwissenschaft kein Generalist; er vereinigt als Nahost- und zugleich Islam-Experte das Wissen eines Vertreters der Disziplin ›Internationale Beziehungen‹ mit dem des Orient- und Islamkundlers (BINDER, 1976). In der Regel erweisen sich auch bekannte Islamkundler, wenn sie sich in die Domäne der internationalen Politik wagen (wie z. B. Stephan Wild), und Wissenschaftler der internationalen Politik, wenn sie als ›Experten‹ in den Medien über Islam und arabische Politik sprechen (z. B. E.-O. Czempiel während des Golfkrieges und des Bosnienkonflikts) eher in peinlicher Weise als Dilettanten. Binder, der von diesem Dilettantismus frei ist, vertrat bereits 1958 die Auffassung, daß der Nahe Osten zwar einerseits in das internationale System eingebunden ist, andererseits aber über eine eigene kulturell-politische Dynamik verfügt, weil er einer anderen Zivilisation angehört (BINDER, 1958).

Aron hatte zwar einen größeren Bekanntheitsgrad als Binder, dennoch wurde seine eingangs zitierte Erörterung dieses Gegenstandes 1962 von Fachwissenschaftlern zu jener Zeit kaum zur Kenntnis genommen. Samuel P. Huntington, der sich drei Jahrzehnte später inspirierend in diese Diskussion eingeschaltet hat, weiß leider wenig über den Islam und den Nahen Osten, weshalb er von ›Grenzlinien des Konflikts‹ (HUNTINGTON, 1993) spricht und pauschal generalisiert, wenngleich er in jenem Aufsatz gleichermaßen reale und brennende Probleme anspricht. In der Tat bestehen ›Grenzen‹ zwischen den Zivilisationen. Diese Aussage bedarf aber der Spezifizierung. Denn in der Realität sind Zivilisationen durch die fortschreitende Globalisierung in unserer Zeit derart miteinander vernetzt, daß diese ›Grenzlinien/*faultlines*‹ nur weltanschaulich bestehen (TIBI, 1995a).

Als Beispiel hierfür kann das arabische Staatensystem angeführt werden, das in seinen politischen Ordnungssystemen eine Mischung aus Orient und Okzident darstellt; seine Grundeinheit, der Nationalstaat, wurde aus dem Westen eingeführt, die real bestehenden Formationen der Staaten verraten jedoch die arabo-islamische politische Kultur der Stämme (TIBI, 1990: 127–152). Die Frage, die sich hierbei stellt, lautet also: Ist der Nahe Osten mit seinem Staatensystem ein Subsystem, d. h. ein systemischer Teil der internationalen Staatengesellschaft, oder ist er als eine selbständige zivilisatorische Staatengemeinschaft (HOUBEN, 1996) einzuordnen?

Um diese zentrale Frage beantworten zu können, muß zunächst geklärt werden, was der ›Nahe Osten‹ genau ist und wo seine Grenzen zu ziehen sind. Wertfrei beziehen sich die Begriffspaare Osten/Westen, Morgenland/Abendland bzw. Orient/Okzident auf die Himmelsrichtungen des Sonnenauf- und -untergangs. Kulturhistorisch bringen die Begriffe Orient/Okzident jedoch eine jahrhundertealte Spannung zwischen dem islamischen Morgenland und dem christlichen Abendland zum Ausdruck (WATT, 1991).

Die Bezeichnung ›Naher Osten‹ ist dagegen ein moderner politischer Begriff, der eine oft sehr lockere und daher beliebig zu erweiternde bzw. einzuschränkende geographische Umschreibung einer Region unter Bedingungen der neueren Geschichte beinhaltet. Es liegt auf der Hand, daß sich die Charakterisierung ›nah‹ auf den europäischen Blickwinkel bezieht. Von China oder Indien aus betrachtet, liegt der ›Nahe Osten‹ im Westen. Wie oft bin ich in Schwarzafrika oder Südasien (Indien) korrigiert worden, wenn ich bei der Abreise mein Reiseziel ›*Middle East*‹, also den Nahen Osten, angegeben habe. Der Begriff stimmt geographisch nur, wenn man ihn vom Standort des Europäers betrachtet.

Begriffsgeschichtlich ist die Bezeichnung ›Naher Osten‹ in engem Kontext mit den imperialen Interessen europäischer Kolonialmächte entstanden. Dennoch haben die westlichen Mächte ihn auch nach der Dekolonisation beibehalten, obwohl er für die Beschreibung der geographischen Lage nicht adäquat ist. Wenn sich z. B. ein amerikanischer Präsident von Washington aus mit nahöstlicher Politik befaßt, dann liegt die ihn beschäftigende Region sicher nicht ›im nahen Osten‹ der amerikanischen Hauptstadt. Ebensowenig liegt Damaskus nahöstlich von Moskau. Aber nicht nur die westlichen Staaten nennen diese Region ›Naher Osten‹; auch in der Sprache internationaler Organisationen, vor allem der der Vereinten Nationen (seit Frühjahr 1948), gilt dieses Gebiet als ›Naher Osten‹.

Hier geht es zunächst darum zu untersuchen, inwiefern diese *geographische Region* weltpolitisch den Charakter eines *regionalen Subsystems* hat, bzw. unter Berücksichtigung der neuen Diskussion eine ›zivilisatorische Staatengemeinschaft‹ darstellt (HOUBEN, 1996). Zur Klärung unserer Problematik gehört es auch, der Entstehung des Begriffs ›Naher Osten‹ nachzugehen, weil diese Geschichte immer noch ihre aktuellen Bezüge hat. Es wurde bereits vorab angemerkt, daß dieser Begriff auf die imperialen Pläne europäischer Kolonialmächte zurückgeht. In der britischen Imperial-Terminologie galt ganz Asien als ›The East‹. Dieser ›Osten‹ umfaßte gleichermaßen das vom britischen Imperium aus gesehen ›ferne Asien‹ wie das Osmanische Reich (KINROSS, 1977). Um zwischen beiden zu unterscheiden, wurde die Differenzierung ›Far East‹ (Ferner Osten) und ›Near East‹ (Naher − d. h. nah zu Europa − Osten) eingeführt. Die Zukunft des bereits im 19. Jahrhundert zerfallenden Osmanischen Reiches, des ›kranken Mannes am Bosporus‹, lag in den Händen der europäischen Mächte. Die Europäer waren sich seinerzeit nicht einig darüber, wer welches Stück vom Kuchen − des Osmanischen Reiches − bekommen sollte. Dieser europäische Streit wurde mit dem Begriff ›Eastern Question‹, die östliche Frage, umschrieben. Der bis zu seiner Emeritierung an der Princeton University lehrende prominente Nahostexperte L. Carl Brown hat in den 80er Jahren vorgeschlagen, den Begriff ›Near Eastern Question‹ als einen Bezugsrahmen zur Analyse der heutigen Politik im Nahen Osten beizubehalten (BROWN, 1984). Denn die einstigen Gegensätze zwischen regionalen Mächten und Großmächten zur Zeit des Osmanisches Reiches haben sich, wie Brown nachweist, in ähnlicher Weise bewahrt, auch wenn sich die Akteure in der Region und ihre Namen im Laufe der Zeit verändert haben. Brown schlägt deshalb vor, das ehemalige nahöstliche Gebiet des Osmanischen Reiches als geographisches Territorium des dortigen regionalen Subsystems zu identifizieren. Nach dieser Definition von Brown umfaßt das Subsystem alle Staaten des Vorderen Orients und Nordafrikas mit Ausnahme von Iran und Marokko, die nicht zum osmanischen Herrschaftsbereich gehörten. Der Einwand bleibt jedoch bestehen, daß diese beiden Staaten in unserer Gegenwart wichtige Akteure in der Region sind.

Formal gesehen, gilt die aus dem Kalten Krieg stammende Gegenüberstellung von Großmächten und regionalen Mächten heute nicht mehr. Die Weltpolitik und ihre Akteure haben sich seit dem Ende des Ost-West-Konflikts substantiell verändert.

Die alten Großmächte (die Staaten West-Europas) und die einzige noch bestehende Supermacht USA bilden eine westliche Zivilisation. Rußland kehrte nach Auflösung der Sowjetunion zu seiner alten Rolle als Zentrum der slawisch-orthodoxen Zivilisation zurück. Die weltpolitische Bipolarität gibt es nicht mehr, und die Welt der Zivilisationen ist um vieles bunter geworden. Die von Aron unterstrichene ›Heterogenität der Zivilisationen‹ ist eine zu erfahrende Realität und kein Zankapfel akademischer Debatten (ARON, 1986; TIBI, 1995a u. 1996a).

Die Geschichte des Begriffs ›Naher Osten‹

Die beiden Begriffe ›Naher Osten‹ und ›Mittlerer Osten‹ werden oft ohne inhaltliche Abgrenzung synonym verwendet. Während im Deutschen die Bezeichnung ›Naher Osten‹ bevorzugt wird – weshalb sie auch in dieser Arbeit verwendet wird –, findet man im Englischen eher die Bezeichnung ›*Middle East*‹. Bevor beide Begriffe inhaltlich gefüllt werden, möchte ich zunächst die Geschichte des englischen Sprachgebrauchs wiedergeben, weil sie die internationalen Standards setzt. Die Begriffsgeschichte ist in diesem Sinne zugleich eine politische Geschichte der Beziehungen zwischen der Region und den jeweiligen Großmächten und bildet den Hintergrund der Bestimmung des arabischen Staatensystems.

Bis zu Beginn dieses Jahrhunderts hat man sich darauf beschränkt, zwischen einem – aus europäischer Perspektive – nahen und einem fernen Osten (*Near East/Far East*) zu unterscheiden. Im Jahre 1902 veröffentlichte der amerikanische Marineoffizier Alfred Th. Mahan in der britischen Zeitschrift *National Review* einen Artikel, in dem er erstmalig den Begriff ›Mittlerer Osten‹ (*Middle East*) einführte. Es ging um die Entwicklung eines strategischen Konzepts einer Seeroute zwischen Suez und Singapur; Mahans Ausführungen konzentrierten sich daher auf Aden, Indien und das Golf-Gebiet (zu Mahan vgl. CROWL, 1986). Die britische Zeitung *The Times* druckte Teile dieses Artikels ab; ihr Korrespondent Valentine Chirol knüpfte daran an und veröffentlichte ab dem 14. Oktober 1902 eine Artikelserie über *The Middle Eastern Question*. Seitdem bürgerte sich der neue Begriff ein, der inhaltlich auf Indien und auf die strategisch wichtigen Wege dorthin zentriert war.

Nach dem Ersten Weltkrieg änderte sich jedoch die Situation. Der damalige britische Außenminister Winston Churchill, der für die Kolonien zuständig war, definierte den Begriff deshalb anders. Inhaltlich bezog sich die Bezeichnung ›Middle East‹ nunmehr auf das Gebiet vom Bosporus bis zu den östlich an Indien grenzenden Ländern. Nach dem Zweiten Weltkrieg mußte der Begriff völlig neu definiert werden: Großbritannien war zwar durch diesen Weltkrieg geschwächt, galt aber aufgrund seines fortbestehenden Kolonialreiches weiterhin als Großmacht, deren Interessen für die Formulierung strategischer Konzepte von zentraler Bedeutung waren. Der Nahost-Experte Davidson, der die Geschichte des Begriffes ›Naher Osten‹ bzw. ›Mittlerer Osten‹ rekonstruiert hat, beschreibt die Situation nach 1945 treffend:

> ›Der Mittlere Osten nach dem Zweiten Weltkrieg war genau wie jener Mittlere Osten von Mahan und Chirol vierzig Jahre zuvor nichts anderes als ein strategisches Konzept, das den britischen Interessen entsprach. Das Zentrum der Region wurde nun von Indien nach Kairo verlegt. Die Logik blieb jedoch dieselbe. Aber wie in Mahans Konzept, so sind auch in der neuen Bestimmung die Grenzen der Region verschwommen‹ (DAVIDSON, 1963: 20).

Die Grenzen der Region waren nicht deshalb verschwommen, weil das Konzept nicht konsistent war, sondern weil es aufgrund der sich ständig verändernden strategischen Situation stets neu formuliert werden mußte. Wenn ich mich hier auf die britische Kolonialpolitik konzentriere, übersehe ich jedoch nicht den Wettkampf zwischen Frankreich und Großbritannien um Einfluß im ›Nahen Osten‹ (ROSHWALD, 1990).

Bereits seit den fünfziger Jahren kann man von Großbritannien nicht mehr als einer Großmacht sprechen. Die *Pax Britannica* im Nahen Osten wurde von einer *Pax Americana* abgelöst. Die weltmachtbezogene Definition der Region wurde zu einer amerikanischen Aufgabe. Clement Attlee, der Nachfolger Churchills als britischer Premierminister, leistete jedoch die definitorische Vorarbeit: Der Mittlere Osten besteht seitdem aus den arabischen Ländern und bestimmten, an sie angrenzenden Gebieten. Die Amerikaner haben diese Definition des ›Mittleren Ostens‹ (*Middle East*), als Bezeichnung für eine außenpolitische Region, seit der Eisenhower-Administration übernommen. Davidson faßt die Geschichte des Begriffs zusammen:

›Das einheitliche Prinzip für die inhaltliche Bestimmung des Ausdrucks 'Middle East' war sowohl in der Vergangenheit als auch in der Gegenwart stets das strategische Interesse externer Mächte‹ (DAVIDSON, 1963: 23).

In bezug auf die bisherige Begriffsgeschichte bzw. auf die damit in Zusammenhang stehende Penetration der Region, zunächst durch die Kolonial- und später durch die Großmächte, ist diese Aussage zu unterstreichen. Der ›Nahe Osten‹ ist ein Produkt des Einfügens einer zivilisatorischen Region der Welt in ein westlich bestimmtes internationales System (PAWELKA, 1993, Teil 1).

Nun stellt sich die Frage, ob zusätzlich zu der von außen analog zu den Großmachtinteressen erfolgten, soeben beschriebenen Definition und Abgrenzung der Region auch *regionsspezifische*, d. h. *zivilisatorische Kriterien* zu ihrer Bestimmung als *Subsystem* bzw. als zivilisatorische Staatengemeinschaft vorhanden sind. Dieser Frage liegt die Hypothese zugrunde, daß Regionen der Weltpolitik trotz ihrer Einbindung in das internationale System der Nationalstaaten ihre eigenständigen Strukturen sowie ihre zivilisatorische Eigendynamik nicht einbüßen; sie behalten somit ihren regionalen Charakter als spezifische Gebilde der Weltpolitik. Aus diesem Grund will ich im folgenden die Region nach internen Kriterien definieren und auf dieser Basis die Akteure des Subsystems identifizieren. Vorab ist zu unterstreichen: Der Begriff ›Naher Osten‹ wird in diesem Buch nur der Einfachheit halber beibehalten. Der Leser sollte dabei aber die soeben rekonstruierte eurozentrische Begriffsgeschichte nicht vergessen. Dieses Kapitel soll uns die nötigen Informationen liefern für die Beantwortung der Frage, welchen Platz das arabische Staatensystem in der Region einnimmt. Vergessen wir hierbei nicht, daß der Nahe Osten vorwiegend, aber nicht exklusiv, arabisch ist.

Der ›Nahe Osten‹ wird in den folgenden Ausführungen weder auf seinen geographischen Inhalt noch auf seine Relevanz für Großmachtinteressen untersucht. Vielmehr geht es darum, ihn im Sinne der oben gestellten Frage nach der Heterogenität der Zivilisationen, die trotz der Globalisierung des internationalen Systems als regionale Staatengruppierungen den Charakter von Subsystemen erlangen, zu untersuchen. In einer früheren Studie (TIBI, 1989, Kap. 1) habe ich als Bestimmungskriterien für ein regionales Subsystem a) geographische Nähe,

b) Interaktion und c) strukturelle Verbindung genannt. Hier möchte ich es bei diesem Hinweis belassen und die Theorie-Diskussion nicht noch einmal aufnehmen. Meine These werde ich im folgenden stets in bezug auf den Nahen Osten erläutern.

Der Nahe Osten ist ein regionales Subsystem

Es gibt Sozialwissenschaftler, die unter Interaktion den Sachverhalt der Integration verstehen und deshalb bestreiten, daß zwei kriegführende Parteien zu einer politischen Region gehören können. Nach dieser Bestimmung können weder Iran und Irak noch Israel und die arabischen Staaten oder jüngst die Kriegsparteien im ehemaligen Jugoslawien zu derselben Region gehören. Der Amerikaner Bruce Russet, der diesen Ansatz vertritt (RUSSET, 1967), ist nun sicherlich kein panarabischer Nationalist und beschränkt sein wissenschaftliches Interesse auf die Anwendung quantitativer Methoden; dennoch sitzt er hier in demselben Boot mit anderen wissenschaftlich arbeitenden Autoren, die jedoch erklärtermaßen dem Panarabismus anhängen. Die ägyptischen Sozialwissenschaftler 'Ali E. Hillal und Djamil Matar, die auch mit der westlichen Fachliteratur über die Theorie des regionalen Subsystems vertraut sind, argumentieren in ihrem arabischsprachigen Standardwerk ›al-Nizam al-Iqlimi al-'Arabi/Die arabische Regionalordnung‹, daß die ›arabische Nation‹ weder mit dem seinerzeit noch als ›arabischer Feind‹ geltenden Israel noch mit den zwar islamischen, aber nicht-arabischen Völkern (Türken und Perser) eine systemische Einheit bilden könnte (HILLAL u. MATAR, 1983). Das zitierte Werk der mir freundschaftlich verbundenen Autoren wurde erstmals 1979 veröffentlicht; die zwei Neuauflagen (1980 und 1983) unterstreichen den Bekanntheitsgrad dieser Veröffentlichung und deuten zugleich auf die Relevanz der Publikation hin. Die Arbeiten des al-Ahram-Center in Kairo, wo auch die zitierte Arbeit entstanden ist, finden bei nahöstlichen Politikern große Resonanz. International wurde der von Hillal und Matar geprägte Begriff der ›arabischen Regionalordnung‹ erst durch das 1982 auf Englisch veröffentlichte Buch des angesehenen ägyptischen Sozialwissenschaftlers Saad-Eddin Ibrahim bekannt, das den Begriff als Titel übernommen hatte (IBRAHIM, 1982). Hillal und Matar kritisieren mit Recht den eurozentrischen und kolonialen

Ursprung des Begriffs ›Naher Osten‹. Sie ziehen aber aus der berechtigten Kritik die falsche Schlußfolgerung, daß der Iran, die Türkei und Israel nicht zum Nahen Osten gehören. Hillal und Matar liefern folgende Definition des Subsystems:

> ›Auf der Basis der geographischen Verbindung und der vorhandenen Affinitäten im sprachlichen, kulturellen, historischen und sozialen Bereich können wir von einem arabischen Staatensystem sprechen, dessen Gebiet sich von Mauretanien im Westen bis zur Golfregion im Osten erstreckt‹ (HILLAL u. MATAR, 1983: 31).

Die von den beiden Ägyptern verwendeten Kriterien sind geographische Nähe, Affinitäten und Interaktion. Sie fügen als viertes Kriterium den arabischen Nationalismus – als Bindeglied – hinzu, wodurch das nahöstliche Subsystem und das arabische Staatensystem identisch werden:

> ›... wir meinen damit den arabischen Nationalismus sowohl als geistige Strömung als auch als eine politische Bewegung. Somit bestimmen wir das arabische Staatensystem nicht nur regional-geographisch, sondern auch national als eine arabische Regionalordnung‹ (ebd.: 32).

Auch wenn sich diese Definition nicht auf ›Integration‹ im Sinne von Russet bezieht, läuft die Idee einer einheitlichen Ordnung, die sich auf exklusive Ähnlichkeitsmerkmale stützt, auf Integration als Kriterium für die Subsystembildung hinaus. Die durch Konflikt bzw. Konfrontation nicht integrierbaren Teile des Ganzen können demzufolge nicht zum System gehören. Die Interaktion als Kriterium für ein Subsystem beschränkt sich nach Hillal/Matar auf Kooperation und Ähnlichkeit. Im Gegensatz zu Hillal und Matar bzw. zu meinen Kollegen vom Kairoer *al-Ahram Center for Political and Strategic Studies*, mit denen ich diese Fragen in den Jahren 1987–1995 diskutierte, ziehe ich objektive und nicht subjektive Kriterien (z. B. kulturelles Selbstverständnis) zur Bestimmung eines Subsystems heran. Da Konflikte in einem regionalen Kontext systemisch verbindend wirken können, beschränke ich ›Interaktion‹ nicht auf ›Kooperation‹. Interaktionsprozesse umfassen sowohl Kooperation als auch die Austragung von Konflikten auf allen Ebenen. In diesem Sinne folge ich der Bestimmung, daß regionale Subsysteme interaktionelle Systeme sind. Diese Definition von ›Interaktion‹ läßt sich am Beispiel des Nahen Ostens konkretisieren. *Interak-*

tion verbindet Handlungseinheiten wertneutral und umfaßt glei-chermaßen Konflikt und Kooperation. In der Disziplin der internationalen Beziehungen läßt sich Interaktion sowohl regional als auch international mit folgenden Kategorien erfassen:

1. Konflikt (verbal und non-verbal): Hierzu gehören sowohl die Artikulation von Konflikten in den Reden der Staatsoberhäupter und ihrer Regierungssprecher als auch tatsächliche Konflikthandlungen (ökonomisch: Boykott, militärisch: Truppenbewegungen und Angriffe).

2. Politische Berücksichtigung des Interaktionspartners sowohl im Negativen als auch im Positiven. Nach dieser Bestimmung ist etwa die rhetorische Anfeindung (sei es durch das ›Feindbild Islam‹ im Westen oder das ›Feindbild Westen‹ in der Welt des Islam) bereits eine Form von Interaktion, weil es sich hierbei um politische Berücksichtigung handelt. Pearson sagt mit Recht, daß diese Kategorie

> ›noch keine Interaktion als solche anzeigt, wenngleich sie einen nützlichen Indikator für die Erfassung einer von einer Regierung gegenüber einer anderen gewidmeten Aufmerksamkeit bietet‹ (PEARSON, 1970: 78).

3. Partizipation: Hierzu gehören u. a. Verhandlungen zwischen Regierungen, das Abschließen von Staatsverträgen sowie alle Formen des Austauschs (wie z. B. Handel) und der Kommunikation (z. B. der Dialog Islam-Westen).

4. Hilfegewährung: Dies umfaßt alle Formen von Hilfe, vor allem im ökonomischen und militärischen Bereich. Saudi-Arabien z. B. gewährt Ägypten Wirtschaftshilfe; Ägypten selbst leistete dem Irak in seinem Krieg gegen Iran (1980–1988) über Umwege Militärhilfe. Diese Formen der Interaktion prägten die inter-arabischen Beziehungen in den Jahren 1979–1987, als die arabischen Staaten Ägypten zwar formal aufgrund seines Separatfriedens mit Israel boykottierten, aber dennoch durch die Inanspruchnahme von Dienstleistungen wirtschaftliche und militärische Beziehungen zu Ägypten unterhielten. Der Golfkrieg 1991 ermöglichte dann die vollständige Rückkehr Ägyptens in das arabische Staatensystem.

Von dieser inhaltlichen Interpretation des Begriffs ›Interaktion‹ als Kriterium für die Bestimmung des Nahen Ostens als regionales Subsystem ausgehend, muß die oben angeführte Definition Hillals und Matars zurückgewiesen werden. Denn das nahöstliche regionale Subsystem umfaßt auch nicht-arabische Staaten wie Iran und Israel, gegen die von arabischer Seite sogar Krieg geführt wurde. An dieser Stelle wird die wichtige Differenzierung zwischen dem nahöstlichen regionalen Subsystem und dem arabischen Staatensystem deutlich.

Auf der Basis der bisherigen Ausführungen kann der Disput darüber, ob der Nahe Osten als Subsystem exklusiv arabisch, d. h. eine arabische Staatengesellschaft ist, oder ob er Iran, Israel, die Türkei und Zypern umfaßt, durch die soeben angeführte Differenzierung abgeschlossen werden. Zwar gibt es Überschneidungen zwischen der eher neutralen Bestimmung des regionalen Subsystems und der des arabischen Staatensystems als einer zivilisatorischen Staatengemeinschaft, doch können die arabischen Teile der Region des Nahen Ostens analytisch getrennt und als arabisches Staatensystem definiert werden.

Der Streit darüber, ob der Nahe Osten ein exklusiv arabisches Staatensystem oder eine größere, vor allem Israel (aber auch die Türkei und Iran) umfassende Region sei, wird nicht nur auf wissenschaftlicher Ebene geführt, sondern hat auch regional- und weltpolitische Bedeutung, wie die 1995/96 entfachte Diskussion um die von den USA geförderte, jedoch umstrittene Gründung der *Bank of Development of the Middle East* illustriert (hierzu mein Bericht in der FAZ vom 13. Februar 1996, S. 14).

Wirtschaftsintegration zwischen Staaten setzt politische Kooperation voraus

Im Gegensatz zu den interaktionellen Verbindungen zwischen zwei Staaten in einer Region der Weltpolitik, die − wie gezeigt wurde − sowohl auf Konflikt und als auch auf Kooperation bezogen sein können, setzt eine strukturelle Verbindung im wirtschaftlichen Bereich politische Kooperation voraus. Im Lichte dieser Aussage wird der Plan deutlich, die kriegerische Interaktion zwischen den arabischen Staaten und Israel in eine solche der wirtschaftlichen Integration − im Rahmen des auf dem Mittelmeergipfel im November 1995 entwickelten Mittelmeerkonzepts − zu verwandeln. Hierbei geht es auf der Basis von Wirtschaftsintegration um die Etablierung struktureller

Verbindungen im Mittelmeerraum als einer neuen Region, die aus einem im umfassenderen Sinne definierten Nahen Osten (südlicher und östlicher Mittelmeerraum) und aus Europa als nördlichem Mittelmeeranrainer besteht.

Die Problematik des Mittelmeerraumes (TIBI, 1994) ist zugleich eine der regionalen Wirtschaftsintegration; sie gehört als eine zentrale Frage zum Gegenstand des Regionalismus (LUCIANI u. SALAMÉ, 1988). Es ist klar, daß ohne politische Kooperation keine ökonomische Integration erfolgen kann. Das ist auch die Grundannahme der ›Friedensdividende‹, die nach der Anerkennung Israels durch eine Reihe arabischer Staaten erfolgte. Geopolitisch wird sie in das Mittelmeerkonzept eingeordnet.

Auch wenn die Vision von einer Mittelmeergemeinschaft verwirklicht werden sollte, werden die arabischen Länder eine regionale Größe für sich, d. h. ein Staatensystem bleiben und sich vom nahöstlichen Subsystem abgrenzen. Das Bewußtsein der Zusammengehörigkeit unter den Arabern könnte eine politische Kooperation, die die Ziele einer Wirtschaftsintegration verfolgt, fördern. Über diese politische Bewußtseinsform hinaus lassen sich eine Anzahl struktureller Ähnlichkeiten zwischen den arabischen Ländern feststellen, die eine solche Wirtschaftsintegration ökonomisch durchführbar machen. Ansätze dazu hat es durch das Abkommen über die arabische Wirtschaftseinheit, das 1964 die Form des *Arab Common Market/ACM* angenommen hat, gegeben. Politische Rivalitäten unter den Arabern haben jedoch eine effektive Umsetzung verhindert. Erst während der siebziger Jahre hat der Erdölreichtum indirekt zur Intensivierung der vorhandenen strukturellen Verbindungen beigetragen, indem er die inter-arabischen Wirtschaftsbeziehungen massiv förderte. Hillal und Matar selbst informieren jedoch darüber, daß inter-arabische Rivalitäten die wichtigste Ursache der Vereitelung arabischer Wirtschaftsintegration waren und noch sind (HILLAL u. MATAR, 1983). Das bestätigt die bereits formulierte These, daß Wirtschaftsintegration ohne eine entsprechende politische Kooperation unmöglich ist. Während des Abschlusses dieses Manuskripts in Kairo (Januar 1996) hat der Generalsekretär der Arabischen Liga eine ›Charta der arabischen Ehre‹ vorgeschlagen, die die Staaten dieser regionalen Organisation zur friedlichen Konfliktaustragung und zur gegenseitigen Achtung der völkerrechtlichen Grenzen verpflichen soll. Das wäre ein Novum im arabischen Staatensystem, sollte diese Charta angenommen werden.

Sowohl Wirtschaftsintegration als auch politische Kooperation erfordern eine genauere Berücksichtigung der strukturellen und psychologischen Ähnlichkeitsmerkmale zwischen den Akteuren des Subsystems einerseits und des arabischen Staatensystems andererseits. Denn allein die Unterscheidung zwischen arabischen und nicht-arabischen Akteuren erweist sich als zu grob. Mit Recht stellt Michael Hudson fest,

> ›daß es sehr vereinfachend ist, die Region als aus einem einzelnen Zentrum und einer einzelnen Peripherie bestehend zu betrachten. Denn es gibt eine Reihe sich voneinander unterscheidender, wenngleich nicht völlig *autonomer Teilsysteme in der Region selbst.* Diese umfassen jeweils je eine Gruppe von Staaten, die ihre spezifischen Muster von Konflikt und Kooperation haben‹ (HUDSON, 1976: 483).

So können wir das arabische Staatensystem subregional in Teilsystem-Einheiten untergliedern, die untereinander sowohl auf wirtschaftlicher als auch auf politischer Ebene zu mehr Interaktion neigen:

1. Der Vordere Orient, arab.: *al-Maschrek*, d. h. der Osten (FROMKIN, 1989),

2. Nordafrika, arab.: *al-Maghreb*, d. h. der arabische Westen (BARAKAT, 1985) und

3. Die Golfregion, arab.: *al-Khalidj*, d. h. Saudi-Arabien und die Golf-Scheichtümer (MARTIN, 1984 u. GRAZ, 1990), der Irak (al-KHALIL, 1989) zählt — trotz seines schmalen Zugangs zum Golf — nicht zur Golfregion, sondern zum *Maschrek*.

Für diese Unterteilung in drei Subregionen sprechen sowohl die Kriterien der geographischen Nähe, des Minimums an sozialer Kommunikation und der gemeinsamen jungen und daher abrufbaren Geschichte sowie der vorhandenen Modernisierungsstandards.

Beim Studium der Unterschiede zwischen Regionen ist das methodische Kriterium der Selbstperzeption (Selbstbilder), d. h., wie sich die Menschen in einer Region wahrnehmen und sich von anderen unterscheiden, ja manchmal abgrenzen, von zentraler Bedeutung. Experten wissen, daß Araber sich nicht nur nach ihrer Zugehörigkeit zu einzelnen Ländern, sondern auch nach ihrer Zugehörigkeit zum *Maschrek*, *Maghreb* oder zum *Golf* voneinander unterscheiden. Diese Unterschiede spiegeln sich auch in der regionalen Differenzierung auf der Ebene regionaler Organisationen wider. So besitzen die Golfstaaten ihre eigene Organisation, den *Gulf Cooperation Council*/Golf-Kooperationsrat (PETERSON, 1988). Vor dem Golfkrieg suchte der Irak die Mitgliedschaft im GCC und wurde mit arabischen Höflichkeitsfloskeln abgewiesen (GRAZ, 1990). Im Vergleich zur Golfregion haben die Staaten des arabischen Westens mit ihrem Konzept vom *Maghreb* (Abed Jaber in: BARAKAT, 1985: 63ff.) eine eigene Identität erlangt, wenngleich auch sie innerhalb des arabischen Staatensystems bleibt.

Obwohl wir für jede der angeführten Teilregionen des arabischen Staatensystems zentrale und periphere Akteure ausmachen können, gibt es Überschneidungen. So ist Saudi-Arabien mit seinen Petro-Dollars gleichermaßen in der Golfregion und im *Maschrek* ein zentraler Akteur. Durch seine finanzielle Unterstützung der Schwestermonarchie von Marokko im Krieg gegen die POLISARIO (Befreiungsbewegung der West-Sahara) trat die saudische Öl-Monarchie auch im *Maghreb* als Akteur auf.

**Die Akteure, die Rangordnung und die
Subregionen des arabischen Staatensystems**

Um die Fähigkeit der einzelnen Akteure im arabischen Staatensystem — gleich ob zentral oder peripher —, regionale politische Entscheidungen zu beeinflussen, beurteilen zu können, müssen wir die einzelnen Akteure gewichten. Jede Außenpolitik muß eine strukturelle Grundlage haben, die ihre Ausführung erst ermöglicht. Außenpolitische Verkündungen haben nur dann eine Bedeutung, wenn ihnen ein Potential zur Verwirklichung zugrunde liegt. Aus diesem Grund ist es wichtig, die einzelnen Mitglieder des arabischen Staatensystems auf ihre Potentiale und Fähigkeiten hin zu gewichten. Der in Princeton lehrende Nahost-Experte Waterbury stellt in Hinblick hierauf zunächst fest, daß die arabischen Länder als ein System einen einheitlichen Komplex bilden. Zugleich betont er aber, daß ihre Interaktionen subregional differenziert werden müssen. Waterbury macht fünf verschiedene Gruppen aus (WATERBURY, 1978):

1. Die Gruppe der Erdöl- bzw. andere Rohstoffe (z. B. Phosphat) exportierenden und zugleich relativ entwickelten Länder, die allerdings ihre Deviseneinnahmen durch Staatsausgaben voll verbrauchen (Irak vor dem Golfkrieg 1991, Algerien vor der 1991/92-Krise, Marokko).
2. Die Gruppe der erdölreichen, aber bevölkerungsarmen und zugleich strukturell extrem rückständigen Länder (Saudi-Arabien und die Golf-Emirate), die bis zum Golfkrieg hohe Devisenrücklagen hatten. Die USA haben die Kosten des Golfkriegs auf diese Öl-Staaten abgewälzt, was diese dazu zwang, ihre Rücklagen für Kriegsausgaben zu verwenden. Historiker werden diese dunkle Seite des Golfkriegs eines Tages beleuchten.
3. Die Gruppe der ressourcenarmen, aber strukturell − im Vergleich zu den anderen arabischen, sehr rückständigen Ländern − entwickelt erscheinenden Länder (Ägypten, Tunesien).
4. Die Gruppe der sowohl armen als auch strukturell in jeder Hinsicht extrem rückständigen Länder (Jemen, Mauretanien, Sudan).
5. Libanon und Jordanien, die in alle vier Gruppen nicht hineinpassen, da sie Sonderfälle sind.

Der zweite Versuch, eine Schichtung innerhalb des arabischen Staatensystems vorzunehmen, stammt von dem ägyptischen Sozialwissenschaftler Saad Eddin Ibrahim, der wie Waterbury eine Beschreibung der inneren Schichtungsstruktur vornimmt und hierbei die Bezeichnung ›neue Sozialordnung‹ für diese Struktur geprägt hat (IBRAHIM, 1982). Nach Ibrahim beruht diese Ordnung auf folgender sozialen Schichtung:

1. Die fünf reichen arabischen Länder (Saudi-Arabien, Kuweit, Vereinige Arabische Emirate, Libyen und Qatar), deren Bevölkerung nicht mehr als 6% aller Araber ausmachte und dennoch im Jahre 1977 ein Bruttosozialprodukt in Höhe von 56 Milliarden US-$ (die entsprechende Ziffer desselben Jahres für alle arabischen Länder einschließlich dieser fünf betrug 142 Milliarden US-$) aufwies. Neuere Daten zeigen, daß diese Kluft noch größer geworden ist.
2. Die Gruppe der wohlhabenden arabischen Staaten (*well-to-do states*), zu der Oman, Bahrein sowie früher auch der Irak (vor dem Golfkrieg) und Algerien (vor der Krise) gehörten.

3. Die Gruppe der *struggling middle*, die gerade ein Gleichge-
   wicht zwischen ihren Ausgaben und den vorhandenen Ressourcen halten kann und vergleichsweise geringe Bevölke-
   rungsprobleme hat (Tunesien, Syrien, Marokko).
4. Schließlich die Gruppe der armen arabischen Staaten, die
   eine Disproportion zwischen ihrer Armut an Ressourcen
   und ihrem Reichtum an Bevölkerung vorweisen. Neben
   Ägypten gehören der Jemen, der Sudan und Mauretanien
   zu dieser Gruppe.

Um diese Einordnung nicht rein formal zu handhaben, versucht
Ibrahim, die Inkongruenzen, die in der arabischen ›neuen Sozialordnung‹ enthalten sind, auszumachen; sie beziehen sich auf den
Bildungssektor, auf die militärischen Einrichtungen und nicht
zuletzt auf das Arbeitskräftereservoir. Ägypten, das in dem obigen Stratifikationsschema an unterster Stelle der Pyramide steht,
rangiert im Hinblick auf das Bildungssystem, das militärische Potential und das Arbeitskräftereservoir an oberster Stelle, während die Petrodollar-Reichen hier umgekehrt an unterster Stelle
einzureihen sind. Saudi-Arabien hat trotz seiner nur äußerlich re-
präsentativen Universitäten (höchste Professorengehälter bei
niedrigsten, wahhabitisch-ideologisch bestimmten Bildungsstan-
dards) nicht nur das am schwächsten entwickelte Bildungssystem, sondern auch die höchste Analphabetenrate. Erwähnenswert ist auch, daß die modernen Waffensysteme, zu deren Kauf
die Saudis für Milliarden Dollars als Subvention für die amerikanische Rüstungsindustrie gezwungen werden, von den saudischen Beduinen-Soldaten nicht einmal bedient werden können;
sie verrosten in der Wüste. Ein Großteil der Bevölkerung Saudi-
Arabiens gehört nicht zum Arbeitskräftereservoir, da die Beduinen manuelle Arbeit verachten. Hinzu kommt, daß Frauen
außerhalb ihres Haushaltsbereichs nicht öffentlich auftreten dürfen, wodurch sich die erwerbsfähige Bevölkerung um die Hälfte
reduziert. In Saudi-Arabien befinden sich Millionen von Fremd-
arbeitern, deren Zahl nicht bekanntgegeben wird (bis zum Golfkrieg vor allem Jemeniten, die danach massenhaft ausgewiesen
wurden). Aus Angst vor einem Aufstand werden seit der versuchten Moscheebesetzung von November 1979 durch fundamentalistische Gastarbeiter und vor allem seit dem Golfkrieg Fremdar-
beiter vorwiegend aus den nicht-islamischen Teilen Asiens (z. B.
Philippinen) geholt.

Die Schichtung innerhalb des arabischen Staatensystems bedingt die Konfliktpotentiale zwischen arabischen Staaten. Allein die Untersuchung inter-arabischer Beziehungen in der nahöstlichen Region liefert einen so hohen Grad an Komplexität, daß deutlich wird, wie wichtig es ist, die globalistischen Sichtweisen zu verlassen und die regionalen Subsysteme bzw. die zivilisatorischen Staatensysteme zu einer Analyseebene der Weltpolitik zu erheben. Fügt man zu dieser inter-arabischen Konfliktebene die anderen Konfliktpotentiale in jener Region hinzu, dann wird das Bild noch komplizierter. Regionale Konflikte im arabischen Staatensystem erlangen vor allem deshalb eine weltpolitische Bedeutung, weil es sich beim südlichen und östlichen Mittelmeerraum um eine für die westliche Zivilisation wichtige Teilregion der islamischen Zivilisation handelt. Somit gewinnen die dortigen regionalen Entwicklungen eine überregionale Bedeutung für die Weltpolitik. Zusammen mit seinem nicht-arabischen Teil bildet der Nahe Osten eines der zentralsten regionalen Subsysteme der Weltpolitik. Das arabische Staatensystem hat das absolute Übergewicht in der gesamten Region. Durch seine Fragmentation (CORM, 1988) büßt es jedoch − besonders seit dem Golfkrieg (TIBI, 1993a, Teil 4) − an Konsistenz ein.

Zusammenfassend ist festzuhalten, daß das arabische Staatensystem eine regionale Ordnung darstellt, die zugleich ihre eigene zivilisatorische Bestimmung hat (HOUBEN, 1996). Der Nahe Osten ist aber zivilisatorisch und ethnisch nicht homogen (ESMAN u. RABINOVICH, 1988). Aus diesem Grund ist das arabische Staatensystem nicht mit dem eher im neutralen, zugleich interaktionellen und geopolitischen Sinne definierten nahöstlichen regionalen Subsystem der Weltpolitik identisch. Der Nahe Osten umfaßt mehr als das arabische Staatensystem, weil auch der Iran, die Türkei, Israel sowie Zypern dazu zählen. Der Iran und die Türkei sind zwar islamisch, unterscheiden sich innerhalb der islamischen Zivilisation aber dennoch ethnisch, sprachlich und kulturell von den arabischen Staaten.

Kurzum, das nahöstliche regionale Subsystem und das arabische Staatensystem überschneiden sich in vielen Bereichen. Aus diesem Grund habe ich für dieses Buch über das arabische Staatensystem den Untertitel ›Ein regionales Subsystem der Weltpolitik‹ ausgewählt, obwohl die soeben genannten Staaten zwar zum Subsystem, nicht aber zum arabischen Staatensystem zählen. Die Unterschiede zwischen beiden Gruppierungen scheinen mit dem arabisch-israelischen Frieden (MASSALHA, 1994 u. WOLFFSOHN, 1994) und den Bemühungen, die Länder des südlichen und östlichen Mittelmeerraums zu einer Gruppe zu formieren, die mit dem Westen als nördlichen Mittelmeeranrainer eine Partnerschaft eingehen soll, zu schwinden. Dem Oslo-Frieden folgten – wie bereits am Ende des vorangegangenen Kapitels angeführt – wichtige Wirtschaftsgipfel in Casablanca (Oktober 1994) und in Amman (Oktober 1995) sowie der Mittelmeergipfel von Barcelona im November 1995. Gegen Ende der neunziger Jahre ist das arabische Staatensystem dermaßen fragmentiert, daß nur diese Mittelmeerperspektive, in die auch Israel einbezogen ist, eine Entwicklung zum Besseren zu versprechen scheint. Ob dies mit Erfolg gekrönt sein wird, bleibt offen. Meine Analyse und mein Zukunftsszenario zu diesem Gegenstand in der *Frankfurter Allgemeinen Zeitung* ist verhalten optimistisch, wie bereits die Überschrift dieses Artikels zeigt: ›Mittelost und Nordafrika – Große Hoffnungen, viele Zweifel‹ (FAZ vom 2. Januar 1996, Wirtschaftsteil S. 10).

Dritter Teil

Das arabische Staatensystem zwischen Tradition und Moderne

Einführung

Bereits während der Herrschaft des Osmanischen Reiches, also noch unter der islamischen Ordnung, erkannten die muslimischen Herrscher nach mehreren militärischen Niederlagen, daß sich in Europa eine Moderne entfaltet hatte. Die traditionellen islamischen *Djihad*-Eroberungen kamen zu einem Stillstand, ja der Prozeß begann sogar sich umzukehren: Die europäische Expansion löste die islamische ab. Auf instrumenteller Ebene suchten islamische Herrscher Anschluß an die Moderne, um zumindest durch die Stärkung ihrer Armeen die Ordnung in ihrem Herrschaftsbereich aufrechterhalten zu können. Denn die europäische Expansion hatte vor der Welt des Islam nicht Halt gemacht. Im Gegenteil: Den Europäern war es dank ihrer durch moderne Wissenschaft und Technologie neu ausgerüsteten, d. h. industrialisierten Armeen (PARKER, 1989) gelungen, die islamische Überlegenheit in eine europäische Superiorität umzukehren. Historisch war das *der globale Ausgangspunkt* (TIBI, 1992b).

Der Aufstieg des Westens war eine Herausforderung, auf die es unterschiedliche islamische Antworten gab. Seit dem 18. Jahrhundert und bis heute, im Übergang zum 21. Jahrhundert, bieten zwei arabische Länder einander ausschließende Antworten als Modelle für die Welt des Islam: die arabische Halbinsel/Arabien (heute Saudi-Arabien) und Ägypten. Ägypten fand den Anschluß an die Moderne, entwickelte ein relativ säkulares System, während Saudi-Arabien den archaischen Wahhabismus als Orientierung wählte und bis heute beibehält. Der Wahhabismus geht auf die Mitte des 18. Jahrhunderts zurück, als sich der beduinische Araber Mohammed Ibn Abd al-Wahhab gegen die osmanischen Türken erhob und ihnen als Nicht-Araber die Legitimität absprach, über die arabischen Muslime zu herrschen; gleichzeitig rief er zur Rückkehr zum puristischen und arabischen Ur-Islam auf. Dieser Beduine verband sich 1744 durch Eheschließung mit dem Stamm der Saudis aus Naqd und stritt im Kampf gegen die Türken für seine Vision einer archaischen Gottesordnung, dem nach ihm benannten Wahhabismus. Dieser Wahhabismus ist heute sogar in Bonn symbolisch vertreten seit die Saudis dort ihre ›Fahd-Akademie‹ gegründet haben; der ›tolerante‹ deutsche Außenminister Kinkel gab ihr durch seine Präsenz bei der Eröffnung seinen Segen.

Das andere Modell ist Ägypten, wohin Ende des 19. Jahrhunderts (1798) Napoleon Bonaparte kam; er ›befreite die orientalische Prinzessin aus ihrem Dornröschenschlaf‹ (HENLE, 1964: 19). Der von den Osmanen zur Bekämpfung Napoleons entsandte albanische Offizier Mohammed Ali errichtete auf dem napoleonischen Erbe einen modernen Staat in Ägypten, der nur formal zur islamischen Ordnung gehörte. Mit seiner nach europäischem Vorbild aufgebauten modernen Armee hatte dieser Offizier im Auftrag der Osmanen in den Kriegen zwischen 1811−1818 die rebellierenden wahhabitisch-saudischen Gotteskämpfer zerschlagen (zu diesen Zusammenhängen TIBI, 1987a: 64ff.). Historisch war dies *der regionale Ausgangspunkt*.

Im 20. Jahrhundert wurde Ägypten als konstitutionelle Monarchie unabhängig (1923); den Saudis mit ihrer wahhabitischen Ideologie gelang es nach vielen Niederlagen erst im Jahre 1932, ihre Monarchie zu gründen. Der Fluch des Erdöls − welcher sich in diesem Fall für die wahhabitischen Saudis als ein Segen erwies − gab und gibt der Monarchie auch heute noch ein Gewicht, das sie zugunsten ihres Wahhabismus gegen den Reform-Islam einbringen kann.

Ägypten und Saudi-Arabien sind, wie man schnell erkennen wird, zwei konträre Modelle im arabischen Staatensystem. Unter Nasser − wie zuvor unter Mohammed Ali − war das säkulare Ägypten die größte Herausforderung für den archaischen Wahhabi-Islam der Saudis. Dank einer ›glücklichen‹ Kombination von Erdöl, der Niederlage Ägyptens im Sechs-Tage-Krieg (1967) und natürlich der warmherzigen Unterstützung des ›aufklärerischen‹ Westens für die Saudis fand in den siebziger Jahren − nach Nassers Tod − ein Wandel ›vom Zentrum der Revolution zum Zentrum des Petro-Dollars‹ (TIBI, 1984b) statt, verbunden mit einer entsprechenden Machtverlagerung im arabischen Staatensystem. Heute bestimmt Saudi-Arabien mit seinen Petro-Dollars und mit US-amerikanischem Segen die Richtung im arabischen Staatensystem und betreibt eine Spielart des Petro-Dollar-Islam gegen den Reform-Islam.

Kapitel 5:
Islamisch-legitimierte Monarchien: Marokko und Saudi-Arabien

In seiner religiösen Doktrin kennt der Islam die Herrschaftsform der ›Monarchie‹ nicht, wohl aber in seiner Geschichte seit
661. Die traditionelle sunnitisch-islamische Herrschaftsform ist
das Kalifat. Der legitime Kalif (arab.: Nachfolger) kann nur ein
Araber aus dem Stamm Quraisch sein, der als Nachfolger des
Propheten herrscht. Der Kalif ist ein ›*Leader*‹, kein König; aber
in der Geschichte lief das Kalifat auf Königtum (*Mulk*) hinaus,
wie der große islamische Philosoph des 14. Jahrhunderts, Ibn
Khaldun (hierzu TIBI, 1996c: Kap. 6), in seinen *Prolegomena*
zur Geschichte gezeigt hat.

Islamische Ordnungsvorstellungen: Kalifat oder Monarchie?

In seiner vergleichenden Untersuchung deutet Reinhard Bendix
das islamische Kalifat als ›islamische Auffassung von königlicher Herrschaft‹ (BENDIX, 1980, Bd. 1: 73). Trifft das zu? Rational denkende islamische Historiker — wie der eben angeführte
große Ibn Khaldun (1332–1406) (über ihn TIBI, 1993d: 118 ff.)
— glauben nicht, daß das Kalifat authentisch religiös-islamisch
ist. Auch zeitgenössische islamische Aufklärer erkennen, daß der
Kalif mit einem König gleichzusetzen ist (ASCHMAWI, 1990).
   Es ist von besonderem Interesse, daß islamische Fundamentalisten unserer Gegenwart keineswegs mehr beanspruchen, das
Kalifat zu restaurieren; vielmehr wandeln sie die islamische
Lehre populistisch ab, um den Islam zur Legitimierung ihrer
oppositionellen Bewegungen zu instrumentalisieren. Das *Nizam
Islami*/islamisches System, das sie als eine Alternative zum Na-
tionalstaat vortragen, ist also keine traditionelle Ordnung (AL-
AWWA, 1983). Bezogen auf den Islam, haben wir somit drei
Herrschaftsformen: Kalifat, Monarchie, *Nizam Islami*.
   Historisch-politisch war der Islam als Offenbarung zunächst
eine einmalige charismatische Prophetie. Nach dem Tod des
Propheten entwickelte er sich zur politisch-religiösen Legitimation einer königlichen Herrschaft. Es ist wichtig, hier zu unter-
streichen, daß die Tradition der ›islamischen Auffassung könig-

licher Herrschaft‹ sunnitisch ist und daß im Schi'a-Islam — außer der Safawiden-Dynastie in Iran (1501-1722) — keine Tradition königlicher Herrschaft vorhanden ist. In der islamischen Geschichte wirkte der Schi'a-Islam nicht nur deshalb im Untergrund, weil Schi'iten verfolgt wurden, sondern auch, weil die schi'itische Lehre von *Wilayat-i Faqih* keine Herrschaftslegitimität während der ›Verborgenheit/*Ghaiba*‹ — sprich: Abwesenheit des Imam-Messias — zuläßt. Khomeinis Umdeutung dieser theologischen Doktrin in eine Legitimation für ›die islamische Republik‹ ist eine Neuschöpfung.

Der Islam kennt in seiner Geschichte drei Weltreiche: Die Omaiyaden, die Abbasiden und schließlich das Osmanische Reich. Seit der Auflösung des letzten islamischen Sultanat-Kalifats im Jahre 1924 infolge der kemalistischen Revolution in der Türkei und des durch den Ersten Weltkrieg bedingten Zerfalls des Osmanischen Reiches beansprucht kein muslimischer Herrscher mehr, ein Kalif zu sein. Dennoch lebt die islamisch-sunnitische Tradition königlicher Herrschaft in zwei arabischen Monarchien fort, die sich traditionell islamisch legitimieren: Marokko und Saudi-Arabien. Beide stehen, eingeordnet in einen größeren historischen Kontext, im Mittelpunkt dieses Kapitels.

Islam und Staat in historischer Perspektive

Der vom islamischen Propheten im ersten *Hidjra*-Jahr der islamischen Zeitrechnung (622 n.Chr.) zunächst in Medina gegründete Stadtstaat, der sich im Verlauf der islamischen Geschichte durch *Djihad*-Eroberungen zu einem Weltreich ausdehnte, beruhte auf dem Prinzip der *Schura*/Konsultation. Der Prophet und politische Führer Mohammed wurde im Koran (Koran, Sure *al-Imran*, Vers 159) von Gott angewiesen, sich mit seinen Gefolgsleuten/*as-Sahaba* zu beraten. Aus diesem Grund wird das *Schura*-Prinzip von den muslimischen Gelehrten unserer Gegenwart als Beweis für eine islamische Ur-Demokratie angeführt. Damit projizieren sie moderne Inhalte in die islamische Geschichte.

Nach dem Tod des Propheten entstanden zwei weitere Prinzipien islamischen Regierens: *Ikhtiyar* und *Bay'a*. *Ikhtiyar* heißt Auswahl; ein Nachfolger Mohammeds mußte aus dem Kreis der Gefolgsleute/*as-Sahaba* ausgewählt werden. Die Abstam-

84

mung von Quraisch, dem Stamme des Propheten, war Voraussetzung für diese Wahl. Ein islamischer Herrscher kann als Kalif nur durch die *Bay'a*/Gelübde der Ergebenheit bzw. der Treue per Akklamation bestätigt werden. Die vier — noch nicht dynastischen — Nachfolger Mohammeds, die als ›die rechtgeleiteten Kalifen‹ bezeichnet werden, wurden alle konsultativ ausgewählt und durch die *Bay'a* legitimiert. Dies blieb jedoch nicht so.

Nach der Ermordung des vierten Kalifen Ali kam es zum offenen Konflikt zwischen seinen Anhängern, die gegen die Hegemonie des Quraisch-Stammes des Propheten kämpften, und der Obrigkeit dieses Stammes, den Omaiyaden. Diese Omaiyaden führten in das Kalifat als islamische Tradition königlicher Herrschaft (*Mulk*) das dynastische Prinzip ein. Historiker bezeichnen das von der Omaiyaden-Dynastie getragene erste islamische Imperium als ›Djihad-Staat‹ (BLANKINSHIP, 1994). Im Jahre 750 wurde es von einem Zweig des Quraisch-Stammes, den Abbasiden, gewaltsam abgelöst. Es folgte das größte islamische Weltreich des Kalifen. Die Abbasiden-Herrschaft dauerte bis zum Jahre 1258 an.

Die Anhänger des ermordeten Kalifen Ali (*Schi'at-Ali* = Partei Alis) führten das erste und bis heute bedeutsamste Schisma des Islam herbei. Seitdem prägt das Kalifat das sunnitische und das Imamat das schi'itische Staatsverständnis (d. h. Legitimität bzw. Illegitimität der Herrschaft). Ali gilt im schi'itischen Glauben als erster Imam. Im Verlauf seiner Entwicklung nahm der schi'itische Islam in seiner Spielart der Zwölfer-Schi'a vorwiegend die Form einer iranisierten Nationalreligion an. Dennoch gibt es arabische Zwölfer-Schi'iten auch im Irak und im Libanon. Nach der Lehre der Zwölfer-Schi'a wartet die Welt auf die Rückkehr des zwölften, im Verborgenen/*Ghaiba* lebenden schi'itischen Imam, der die Welt als islamischer Messias erlösen wird. Jede politische Herrschaft bis dahin wird als illegitim deklariert. Die islamische Revolution im Iran von 1979 war durch Khomeinis Interpretation legitimiert, die diese Lehre umdeutet.

Nach dem Untergang des Abbasiden-Reiches als Folge von innerer Schwäche und Verfall sowie der Mongoleninvasion (1258) löste sich die damalige islamische Welt in Regionalreiche auf, bis die Osmanen im 14. Jahrhundert ihr Türken-Reich gründeten und damit die islamische Welt wieder unter dem

Dach der islamischen Ordnung vereinigten. Wichtig ist zu erwähnen, daß der türkische Sultan erst nach der Eroberung Ägyptens (1517) den Kalifen-Titel annahm. Da die Türken aber keine Araber sind, können sie nicht aus Quraisch stammen; ihnen fehlt somit die Legitimität zur Führung der Muslime. Die arabische Revolte gegen das Osmanische Reich von 1916 (SONN, 1990, Kap. 5; TIBI, 1993a: 21ff.) war ein Angriff gerade gegen diese schwache Legitimität.

Der Erste Weltkrieg und die arabische Revolte schwächten die islamische Ordnung. Darauf folgte die kemalistische Revolution, die zur Auflösung des Kalifats im Jahre 1924 beitrug. Danach wurden vergebliche Versuche (wie z. B. durch die Gründung der Kalifat-Bewegung) unternommen, um ein panislamisches Reich zu restaurieren. Tatsächlich aber existiert seitdem kein Kalifat mehr. Die Welt des Islam löste sich in souveräne Nationalstaaten auf, die zum internationalen System gehören. Wir haben in Kapitel 3 erfahren, daß das arabische Staatensystem aus dieser historischen Entwicklung hervorgegangen ist.

Welche Bedeutung hat dieses historische Erbe für die Politik unserer Gegenwart? Aus den bisherigen Ausführungen haben wir die *Schura*, *Ikhtiyar* und die *Bay'a* als Elemente islamischer Regierungsform kennengelernt. Im Hochislam, während der Abbasiden-Dynastie, wurden die ersten Versuche unternommen, ein islamisches Staatsrecht zu entwickeln. Den drei genannten Regierungsprinzipien wurde in der Abbasiden-Epoche ein viertes Element hinzugefügt. Die Religionsgelehrten, die das islamische Recht/*Schari'a* im Auftrag der Obrigkeit fortentwikkelten, wurden als Berater, als ›Leute des Bindens und des Lösens/*Ahl al-Aqd wal-Hak*‹ herangezogen, die post eventum eine religiös begründete Legitimität für jede Handlung der herrschenden Obrigkeit lieferten. Angesichts des Fehlens einer Gewaltenteilung im Islam standen diese Rechtsgelehrten letztlich in einem Abhängigkeitsverhältnis zu den Herrschern (GIBB, 1982, Kap. 2).

Heute befinden sich im arabischen Staatensystem drei Länder, die eine monarchische Regierungsform haben. Zwei von ihnen legitimieren sich islamisch: Marokko und Saudi-Arabien (die Golf-Scheichtümer werden hier − als tribale Fürstentümer − ausgeklammert; ein Emir-Scheich ist kein König). Die dritte Monarchie, Jordanien, wird von der Haschimiten-Dynastie getragen (HAAS, 1975). Die Haschimiten sind — wie die Alawi-Dynastie von Marokko — *Aschraf*, d. h. durch ihre Herkunft aus der Familie des Propheten legitimierte Notabeln. Angesichts der Tatsache, daß sich dieses Königreich nicht explizit religiös legitimiert, scheidet es aus der hier vorliegenden Analyse aus.

Ohne Bezug auf den Islam können die meisten Regierungssysteme in den arabischen Ländern nicht adäquat begriffen werden, zumal hier — trotz der formalen Trennung von Religion und Politik in vielen arabischen Staaten — nie ein substantieller Prozeß der Säkularisierung stattgefunden hat. Selbst die sich ›revolutionär‹ legitimierenden ›republikanischen‹ Militärdiktaturen, wie z. B. Libyen, berufen sich auf den Islam, den sie jedoch willkürlich in ihrem Sinne deuten. Der Sachverhalt, daß die Analyse hier auf die beiden genannten, sich religiös-legitimierenden Monarchien beschränkt wird, hängt mit der expliziten islamischen Fundierung der Herrschaft in diesen Staaten zusammen; die Herrscher regieren als *Amir al-Mu'minin*, als ›Führer der Gläubigen‹ und leiten ihr Recht zu herrschen aus dem Koran und der Sunna ab. Die islamischen Ulema dienen dabei im Sinne ihrer historischen Tradition als Legitimatoren.

Marokko und Saudi-Arabien sind als traditionelle Monarchien keine Gottesstaaten

Trotz der zahlreichen Unterschiede zwischen den beiden islamisch legitimierten Monarchien des arabischen Staatensystems ist ihnen gemeinsam, daß der Herrscher die Tradition der Verbindung von religiöser und politischer Autorität verkörpert. In diesem Sinne ist das Staatsoberhaupt in beiden Ländern zugleich ein islamischer König, der die politischen Entscheidungen autokratisch trifft und als *Amir al-Mu'minin*/Führer der Gläubigen die religiöse Orientierung vermittelt. Eine spezifisch arabische Komponente dieser traditionellen Verbindung des Politischen und Sakralen ist, daß der Inhaber der Macht nicht nur diese beiden Eigenschaften vereinigen muß, sondern darüber hinaus auch der oberste Stammesführer ist. In einer segmentierten Gesellschaft, in der sich die Stämme der zentralen Instanz des Staates nicht unterordnen, steht der Herrscher über den rivalisierenden Stämmen. Dieser Typ traditioneller königlicher Herrschaft ist weit entfernt von dem von Fundamentalisten angestrebten Gottesstaat, der eine islamisch-moderne Spielart des Totalitarismus ist (TIBI, 1995c).

Trotz der angeführten Ähnlichkeiten zwischen Saudi-Arabien und Marokko überwiegen die Unterschiede zwischen beiden Monarchien, wie im folgenden zu zeigen ist.

Das marokkanische Königshaus ist sehr alt und rekrutiert sich aus der Alawi-Dynastie, die seit Mitte des 17. Jahrhunderts (seit 1666) in Marokko herrscht. Diese Dynastie besteht aus Scherifen (arab.: *Scharif*, Pl. *Aschraf*), also aus Notabeln, die sich in ihrer Eigenschaft als Nachkommen des Propheten Mohammed legitimieren. Marokko und Ägypten sind die einzigen Länder im arabischen Staatensystem, die eine jahrhundertealte Staatstradition einer Zentralinstanz haben, also keine nominellen Staaten sind. Anders als in Ägypten, wo die staatliche Zentralgewalt seit der Pharaonenzeit unangefochten ist, ist der Gegensatz zwischen *Bilad al-Makhzan* und *Bilad as-Siba* in der marokkanischen Geschichte jedoch zentral und hat bis heute seine Relevanz für die Analyse des dortigen politischen Systems bewahrt. Der Staat wird in Marokko ein *Makhzan* (wörtlich: Lagerhaus) genannt und als solches von der Bevölkerung wahrgenommen. Seine Präsenz wird durch militärische Gewalt unentwegt demonstriert; seine Aufgaben umfassen sowohl den notfalls gewaltsamen Einzug von Steuern als auch die Befriedung der teils untereinander rivalisierenden, teils gegen die Zentralgewalt rebellierenden Stämme. Die Bezeichnung *Bilad al-Makhzan* (*Bilad* = das Land) umschreibt die Territorialität der staatlichen Gewalt, wohingegen *Bilad as-Siba* jene Regionen benennt, in denen die Zentralgewalt nicht militärisch präsent ist und die rebellierenden Stämme somit die Oberhand haben (WATERBURY, 1970). Erwähnenswert in diesem Zusammenhang ist, daß die von der POLISARIO kontrollierten Teile der West-Sahara im marokkanischen Staatsjargon heute als *Bilad as-Siba* bezeichnet werden.

Im Gegensatz zu Saudi-Arabien, wo der Koran selbst als Verfassung gilt, hat Marokko bisher eine konstitutionelle Tradition von drei Verfassungen, die − wenn auch nur formal − nach westlichem Muster aufgebaut sind. In diesen Verfassungstexten ist jeweils ein Paragraph eingebaut, der den König als *Amir al-Mu'minin*, also als religiöse Autorität, legitimiert. Der Koran enthält keine Verse mit dieser Bezeichnung. Der König in Saudi-Arabien heißt in einem ähnlichen Sinne Imam. Der Begriff Imam hat in der sunnitischen Lehre eine andere Bedeutung als im Schi'a-Islam. Zum einen ist er für die Sunniten die einfache Bezeichnung für einen Vorbeter beim kollektiven Gebet, zum anderen aber wird damit der Führer der *Umma*/Gemeinschaft tituliert (hierzu TIBI, 1996c).

Die marokkanische Alawi-Dynastie ist im Gegensatz zur saudi-arabischen sehr alt. Dennoch hat sie ähnliche Probleme wie diese mit der Bewältigung des Politischen. Damit ist hier die Aufrechterhaltung der politischen Macht gegen die untereinander rivalisierenden und gegen die Staatsmacht rebellierenden Stämme gemeint. Der Gründer Saudi-Arabiens, Abd al-Aziz Ibn Saud (1881–1953) (MCLOUGHLIN, 1993), konnte seine Zentralgewalt erst in diesem Jahrhundert in heftigen Kämpfen gegen die Stämme etablieren (LACKNER, 1978: 14ff.). Die Alawi-Dynastie in Marokko muß seit dem 17. Jahrhundert ihre Autorität gegen die Stämme behaupten. In Saudi-Arabien heißt der König auch *Scheikh al-Maschaikh*/Häuptling der Häuptlinge, ist also der oberste Stammesführer. In Marokko muß die Herrschaft jedes neuen Sultans bzw. Königs dagegen immer neu durch die traditionelle *Bay'a*/Treuegelübde, die die Stammesführer bei der Inthronisierung durch Akklamation leisten, bestätigt werden. Zuvor muß der neue Herrscher aber seine militärische Dominanz und die hiermit korrespondierende Präsenz des *Makhzan* in auffälliger Weise demonstrieren. In diesen Kontext läßt sich die Handlung des Königs Mohammed V. einordnen, als er – einige Jahre vor seinem Tod – seinen Sohn, den jetzigen König, schon 1957 zum Oberkommandierenden der Streitkräfte ernannte und ihn militärische Macht hat demonstrieren lassen. Grundsätzlich ist in Marokko das Regieren nicht so einfach wie in Saudi-Arabien mit seiner einfältigen Beduinengesellschaft. Denn die marokkanische Gesellschaft ist moderner und somit strukturell weit komplexer; hinzu kommt, daß sie durch ein entwickeltes Klientelwesen charakterisiert ist (WATERBURY, 1970). Außerdem hat Marokko verwestlichte, gesellschaftlich fest verankerte moderne Eliten, die das politische Leben des Landes prägen. Damit wird auch verständlich, warum Marokko eine formale Verfassung und ein Parteiensystem besitzt; beides kennt Saudi-Arabien nicht. Beduinen lassen sich leichter als eine urbane und alphabetisierte Bevölkerung befrieden.

**Parteien in Marokko — Eine Institutionalisierung
der Monarchie?**

Im ersten Kapitel dieses Buches habe ich die schwache Institutionalisierung des arabischen Nationalstaates als Zeichen seines nominellen Charakters angegeben. Dort habe ich die Parteienbildung als einen Schritt in Richtung einer Institutionenbildung positiv bewertet. In Marokko gibt es ein Parteiensystem. Ist das ein Zeichen für eine Entwicklung zum Positiven? Weiner und LaPalombara haben in ihrer Arbeit über die Rolle politischer Parteien im Prozeß des sozialen Wandels darauf hingewiesen, daß ›die politische Partei ... sowohl ein Anzeichen als auch eine Bedingung für den Vorstoß zur Moderne‹ (LaPalombara u. Weiner, 1972: 180) ist. Eine Partei ist in diesem Sinne eine soziale Institution. Politische Parteien in unterentwickelten Gesellschaften, die über keine voll institutionalisierten politischen Systeme verfügen, sind ›nichts weiter ... als beschränkte Cliquen oder Oligarchien‹ (ebd.), urteilen Weiner und LaPalombara und verdeutlichen den Sachverhalt:

> ›Die Tatsache, daß eine kleine oligarchische Gruppe auf dem Papier eine Organisation schaffte, macht aus dieser Organisation noch keine politische Partei‹ (ebd.: 179).

Gilt diese Einschätzung auch für Marokko? Das marokkanische politische System mit seinen Parteien ist zweifelsohne dem saudi-arabischen mit seiner monolithischen Struktur zugleich eitler und korrupter Ölprinzen und Scheikhs weit überlegen. Doch erlangt diese Bemerkung nur dann einen Sinn, wenn hierbei das zitierte Urteil von Weiner und LaPalombara relativierend vergegenwärtigt wird. Das marokkanische Klientelwesen reproduziert sich in den politischen Parteien. Der marokkanische König kann nur erfolgreich regieren, solange er die Balance halten und sich als *Za'im*/politischer Führer politisch durchsetzen kann. Waterbury hat die Parole ›*divide and rule*/ teile und herrsche‹ nach seiner Forschung über Marokko in die der ›*divide and survive*/teile und überlebe‹ verwandelt (Waterbury, 1970: 144ff.). Die Parteien dienen dem König als Instrument bei dem entsprechenden Balanceakt. Da die marokkanische Gesellschaft — wie alle unterentwickelten Gesellschaften — ein starkes Stadt-Land-Gefälle, also strukturelle Heterogenität aufweist, muß der Politikprozeß in den ruralen Regionen andere Formen als in den urbanen Zentren annehmen. Politische Parteien in Marokko sind ein städtisches Phänomen, eine moderne Form des Klientelismus und eine besondere Art der Opposition (TIBI, 1993c). In der marokkanischen Peripherie muß der König anders verfahren; dort hat er mit den Stammesführern sowohl persönlich als legitimer Herrscher als auch auf der Basis seiner auf Macht basierenden Überlegenheit zu verhandeln, d. h. nicht institutionell. Nur so kann er garantieren, daß die Präsenz des *Makhzan*, also des Staates, allgegenwärtig bleibt und die Peripherie sich nicht in *Bilad as-Siba* verwandelt.

Bis heute besteht die Aufgabe des Staates in Marokko im wesentlichen im Steuereinzug und in der militärischen Befriedung. Das marokkanische politische System ist ein ›stabiles System kontinuierlicher Gewalt‹, wie Waterbury es charakterisiert:

›Steuern müssen eingezogen werden, um die Armee zu besolden und somit fähig zu sein, die Stämme in Schach zu halten, um weiterhin Steuern einzuziehen‹ (WATERBURY, 1970: 17f.).

Dieser Staat wird qua *Makhzan* durch den König personifiziert, der – wie ausgeführt – gleichermaßen politischer und religiöser Führer ist. In seiner Eigenschaft als *Amir al-Mu'minin* kann er die göttliche Segnung, die *Baraka*, vermitteln, mit der er von Gott begabt ist. Die marokkanische Spielart des islamischen *Baraka*-Begriffs ist für das Verständnis der politischen Kultur in jener islamischen Monarchie von zentraler Bedeutung. Die Legitimitätskrise und die beiden gegen den König gerichteten Putschversuche von 1971/72 wurden nicht nur militärisch gemeistert. Die Tatsache, daß der König zwei Attentatsversuche durch unglaubliches Glück überlebt hat, gilt im Bewußtsein der Marokkaner als Beweis dafür, daß er nicht nur ein *Za'im*/Führer ist, sondern auch eine sakrale Autorität verkörpert, also die *Baraka* besitzt. Während der König für den Durchschnittsmarokkaner somit ein wahrer *Amir al-Mu'minin* ist, spottet die städtische Intelligenz allerdings über diesen Aberglauben. Doch dieser Intellektuellenspott verringert die Legitimität des Königs bei der Bevölkerung nicht im geringsten.

Die Stabilität des marokkanischen politischen Systems hat ihre Basis nicht nur in dem voll entwickelten Militär- und Poli-

zeiapparat des *Makhzan*, sondern eben auch in der angeführten
Sakralisierung der politischen Macht als Quelle der Legitimität.
Die Alawi-Dynastie verkörpert diese Sakralität. Doch ist hier
mit dem zitierten Princeton-Nahost-Experten Waterbury darauf
hinzuweisen, daß es weitere, z. T. diffuse religio-autoritative Instanzen gibt, die zwischen dem marokkanischen ländlichen
Volks- und dem städtischen, an der Schari'a orientierten
Rechtsislam liegen. Der Primat der königlichen Autorität bleibt
aber hierbei generell unangefochten.

Saudi-Arabien ist dagegen archaisch!

Wie der marokkanische *Makhzan* stützt sich auch das saudi-
arabische System erstens auf die Königsfamilie, zweitens auf die
Ulema und schließlich auf die Militärs (›weiße Armee‹ der Beduinen neben den regulären Streitkräften). Doch im Gegensatz
zu Marokko ist Saudi-Arabien archaisch, weil ihm moderne Institutionen fehlen. Das Bündnis mit den Wahhabiten, gepaart
mit der paramilitärischen Instrumentalisierung der sakral-poli-
tischen Autorität im Kampf gegen die rivalisierenden Stämme,
gehört zur Geschichte der Etablierung der Monarchie. Der Ein-
satz der archaischen Banden der *Ikhwan* (hierzu ausführlich
Habib, 1978) war hierfür entscheidend.

   Die Saudis, die vor der Gründung Saudi-Arabiens nur über
die Provinz Nagd herrschten, übernahmen die Lehre des durch
Eheschließung (1744) mit ihnen verbundenen Ibn Abd al-Wahhab. Bis zum beginnenden 20. Jahrhundert konnte diese nunmehr politisierte religiöse Bewegung nur vorübergehende Erfolge erringen. Den Osmanen gelang es mit ägyptischer Militärhilfe, diese Bewegung zu unterdrücken. Unter Ibn Saud formierten sich die Wahhabiten zu der bereits angesprochenen
militärähnlichen Gruppe: die *Ikhwan* (= Bruderschaft, nicht zu
verwechseln mit den *Ikhwan*/Muslimbruderschaft von Ägypten). Diesen gelang es einerseits durch militante, sehr gewalttä-
tige Missionierung und andererseits durch die Gründung agrar-
isch-militärischer Siedlungen, aus dem wahhabitischen, religiösen Dogma eine mobilisatorische Ideologie zu entfalten, mit deren Hilfe die rivalisierenden Stämme durch die Fixierung auf
einen äußeren Feind, aber auch militärisch, befriedet wurden.
Troeller charakterisiert die *Ikhwan*

›als eine religio-militärische … Bewegung mit dem Ziel, die nicht-
seßhaften Beduinen anzusiedeln, um sie einer zentralen Herrschafts-
instanz unterzuordnen‹ (TROELLER, 1976: 129).

Die *Ikhwan* waren also Beduinen, die gegen die zahlreichen
Stämme der arabischen Halbinsel eingesetzt wurden; diese können als segmentäre und akephale Gebilde, d. h. als Gruppierungen ohne institutionell-staatliche Führung, charakterisiert werden. Durch die harten Lebensbedingungen in der Wüste waren
die arabischen Stämme stets gezwungen, um Weiden und Was-
serquellen zu kämpfen und von Raubüberfällen (*Ghazu*) zu leben; staatliche Zentralinstanz erkannten sie vor der Gründung
der saudischen Dynastie nicht an.

Zwar gab es vor der Gründung des saudischen Königreiches
auf der arabischen Halbinsel einen Emir mit Sitz in Mekka, der
zur Dynastie der Haschimiten (z.Zt. Herrscher von Jordanien)
gehörte, jedoch keine anerkannte Zentralgewalt. Abd al-Aziz
Ibn Saud, der Gründer der saudischen Dynastie, hatte somit
nicht nur gegen die Haschimiten und die britische Kolonialmacht, sondern vor allem gegen die wilden Stämme zu kämpfen
(TROELLER, 1976). Mit Hilfe der *Ikhwan* konnte er eine künstli-
che Zentralgewalt errichten und die Stämme unterwerfen. Die
wichtigste Stufe war hierbei die Eroberung von Mekka, wo sich
Ibn Saud nach der Verjagung des haschimitischen Emirs Hussein als Imam (1924-28) etablierte (MCLOUGHLIN, 1993, Kap.
5).

Die *Ikhwan* waren in ihrer Weltsicht so rückwärtsorientiert,
daß sie fanatisch sogar gegen jede, in ihren Augen satanische,
Neuerung wie Radio und sonstige moderne Geräte vorgingen;
es wird berichtet, daß sie den ersten Lastwagen, der ihnen be-
gegnete, verbrannten. Ibn Saud geriet schließlich mit den *Ikhwan* in Konflikt und hat ihre Bewegung 1930 mit Gewalt neu-
tralisiert. 1932 wurde Saudi-Arabien zur islamischen Monarchie
auf der arabischen Halbinsel deklariert; die ausgeschalteten
Ikhwan wurden gewaltsam in das neue Königreich integriert.

Es stellt sich nun die Frage, wie komplex das politische System Saudi-Arabiens ist. Die neue Monarchie mag, verglichen
mit dem Saudi-Sultanat von Nagd, entwickelt erscheinen, kann
aber nicht wirklich als komplexes System bezeichnet werden.
Die Macht wird vom König verkörpert. In der an der amerika-

nischen Duke University entstandenen und mehrfach verlegten politikwissenschaftlichen Doktorarbeit eines saudi-arabischen Prinzen, der heute als Informationsminister der Monarchie wirkt, wird das dortige politische System folgendermaßen beschrieben:

›Der saudi-arabische Staat basiert auf verschiedenen Hauptelementen: An erster Stelle rangiert die königliche Familie. Dann kommen die Ulema. An dritter Stelle steht das Militär‹ (AL-FARSY, 1978: 69).

Mit anderen Worten: Die Monarchie verfügt über die archaisch-sultanische Herrschaftsform, die sie legitimierenden religiösen Führer und die sie schützenden traditionellen Militärs hinaus über keine funktional differenzierten Institutionen, durch die ein komplexes politisches System charakterisiert ist. Im folgenden Abschnitt werde ich die Frage beantworten, ob der 1993 gebildete *Schura*-Rat als Institution einzustufen ist. Findet die Wüstenmonarchie hierdurch Anschluß an die Moderne?

Demokratisierung Saudi-Arabiens durch die Einführung der Schura?

›König Fahd befiehlt die Veränderung des Regierungssystems‹, so lautete die Begleitmusik in den arabischen Zeitungen zu dieser sensationellen Meldung. Diese Veränderung bezog sich auf die Gründung eines *Schura*-Rates/*Madjlis al-Schura* auf der Basis des königlichen Dekrets. Der nicht-fundamentalistische Teil der saudischen Opposition, der vorwiegend aus der im Westen ausgebildeten Intelligenz und Kaufleuten besteht, hat lange auf dieses *Schura*-Dekret gewartet. Die neue saudische Mittelschicht hebt sich von der königlichen, ca. 5000 Prinzen umfassenden Familie und den anderen Trägern der Macht (*Ulema* und Stammesführer) einerseits durch ihre moderne Bildung, andererseits durch ihre wirtschaftlichen Aktivitäten im modernen Sektor ab; sie fordert seit Jahren – und besonders seit dem Golfkrieg – ihre Beteiligung an den politischen Entscheidungen in der Ölmonarchie durch *power sharing*. Angesichts der Gründung des *Schura*-Rates stellt sich die Frage, ob diese Handlung sich als ein Ausdruck dessen deuten läßt, wofür der Demokratie-Theoretiker Samuel P. Huntington aus Harvard die

Formel ›*The King's Dilemma*‹ (HUNTINGTON, 1972: 209) geprägt hat. Huntington meint damit ein Schwanken traditioneller Herrscher zwischen der Aufrechterhaltung ihrer absoluten Herrschaft und der Durchführung demokratischer, ihre Macht unterhöhlender Reformen. Die vom König verkündete Demokratisierung − ohne daß dabei das Wort Demokratie gefallen wäre − basiert auf der Einführung des islamischen Prinzips der *Schura* in Saudi-Arabien. Was bedeutet *Schura* im Islam? Erst nach Beantwortung dieser Frage läßt sich der Text des königlichen Dekrets angemessen analysieren.

Im Koran gibt es ausschließlich zwei Textstellen, in denen der Begriff *Schura* vorkommt. Wörtlich bedeutet *Schura* ›Konsultation‹ (vom arabischen Verb *Schawara*/zu Rate ziehen). In der Sure *al-Schura*, Vers 37, wird den Gläubigen, ›welche dem Herrn gehorchen, an den Gebeten teilnehmen und ihre Angelegenheiten im gegenseitigen Einvernehmen/*Wa Amruhum Schura Baynahum*‹ regeln, Lohn im Paradies versprochen. Die zweite Textstelle enthält einen göttlichen Befehl an den Propheten Mohammed: ›*Wa Schwarirahum bi al-Amr*/Berate dich mit ihnen in der Durchführung deiner Angelegenheiten‹ (Koran, al-'Imran, Vers 159). Ähnlich wie in der vorislamischen tribalen Tradition, als sich Stammesführer mit den Stammesältesten berieten, etablierte sich im Frühislam der Brauch, daß der Prophet seine *Sahaba*/Gefolgsleute, vor allem Abu Bakr und Omar, die späteren Kalifen, zu Rate zog. Der größten Zahl von Beratern im Rahmen der *Schura* bediente sich der rechtgeleitete zweite Kalif Omar: Es waren sechs. Nun, 14 Jahrhunderte danach, hat der saudische König Fahd diese Zahl durch die Berufung von 60 Mitgliedern des *Schura*-Rates/*Madjlis al-Schura* verzehnfacht. Welch eine gewaltige Erweiterung! Doch welche Bedeutung kommt ihr in der Realität zu?

Der Kenner der islamischen Geschichte weiß, daß die im Frühislam praktizierte *Schura* im Verlauf der historischen Entwicklung unterging. Erst in unserer Zeit, in der die Muslime mit der Demokratie als politischer Lebensform konfrontiert sind, wurde im Rahmen der islamischen Erneuerung/*al-Sahwa al-Islamiyya* die *Schura*-Norm neu − wenngleich mit einer von der Vergangenheit abweichenden Interpretation − ins Leben gerufen. Islamische Fundamentalisten, wie der Autor der autoritativen Schrift über die ›Kunst der Herrschaft im Islam/*Fan al-*

Hukm fi al-Islam‹, der Ägypter Mustafa Abu Zaid-Fahmi, interpretieren die *Schura* nun ausdrücklich als eine spezifisch und authentisch islamische Form der Demokratie. Abu Zaid-Fahmi glaubt, daß der Islam die erste Demokratie auf Erden hervorgebracht habe (ABU ZAID-FAHMI, 1981: 201). Er richtet sich dann an die islamischen Aktivisten, die heute mit ihrem Bombenterror diese Form der ›Demokratie‹ in Algerien und Ägypten einführen wollen, und fragt:

> ›Könnte irgend jemand es wagen zu behaupten, daß die moderne konstitutionelle Demokratie ... fortschrittlicher ist, als es das islamische Denken von jeher war?‹ (ebd.: 200).

Alle zeitgenössischen Vertreter des politischen Islam teilen mit Fahmi die Auffassung:

> ›Der Islam hat die Demokratie hervorgebracht und mit ihr die *Schura* als deren zentrales Element ... Diese Leistung des Islam ist in der Geschichte der Menschheit ohne Beispiel‹ (ebd.: 248).

Schließen sich nun die Saudis, die ja Traditionalisten sind, mit der Übernahme der *Schura* diesem fundamentalistischen Trend an?

Es ist wichtig, zunächst festzuhalten, daß Saudi-Arabien eine islamische Monarchie, nicht aber ein fundamentalistischer Staat ist. Die saudischen Wahhabiten können nach den Maßstäben der wissenschaftlichen Diskussion über den Fundamentalismus nicht als Fundamentalisten gedeutet werden. Die Lehren des Ibn Abd al-Wahhab sind nichts anderes als eine neue absolutistische Deutung der islamischen Orthodoxie des Ibn Hanbal (Hanbalismus) aus dem Mittelalter. Der Fundamentalismus ist dagegen eine zeitgenössische Erscheinung einer halben Moderne im Islam unserer Gegenwart (TIBI, 1995b: Teil 1).

Die genaue Lektüre der ›königlichen Befehle/*Awamir Malakiyya*‹, die die Gründung des *Schura*-Rates anordnen, ergibt, daß diese Dekrete nichts Fundamentalistisches enthalten. Ein Vergleich dieser *Awamir*/Befehle mit der fundamentalistischen modernen Deutung der *Schura* (u. a. in den Schriften von Abu Zaid-Fahmi oder von Salim al-Awwa) zeigt, daß König Fahd in seinem Dekret den Begriff ›Demokratie‹ völlig vermeidet. Bis auf einige neuarabische Wortbildungen wie *Taswit*/Abstimmung (Paragraph 19 des Dekrets) ist die Sprache des Dokuments höchst traditionell gehalten. Es beginnt mit dem Satz ›Mit Beistand Allahs befehlen wir folgendes‹; dann ist die Rede von Pflichten − und wenigen Rechten − der *Schura*-Berater. Über die Besoldung und die Finanzen, die ja mit Demokratie nicht viel zu tun haben, enthalten die ›königlichen Befehle‹ viele Paragraphen. Das wichtigste Recht der *Madjlis*-Mitglieder in den − wie das Dekret betont − nicht-öffentlichen Sitzungen besteht darin zu reden (Paragraph 16). Paragraph 17 bestimmt jedoch, daß das männliche Mitglied (Frauen sind und werden nicht vertreten) nicht länger als zehn Minuten reden darf und daß die *Maslaha*/das Interesse, das nicht näher definiert wird, es erfordern kann, dieses Rederecht zu beschneiden.

Ein Blick auf die Namen der 60 berufenen *Schura*-Berater, zu denen keine Prinzen gehören, zeigt, daß sie vorwiegend aus drei Kreisen stammen: den Scheichs (Stammesführer), den *Ulema* (religiöses Establishment) und den pensionierten Offizieren (Armee). Neben Vertretern dieser Gruppen sitzen nur sehr wenige Angehörige der neuen Mittelschicht (Geschäftsleute und Ärzte) im *Schura*-Rat. Diese Erläuterung der *Awamir*/Befehle des Königs Fahd zur Befolgung der *Schura* zeigt deutlich, daß die saudische Monarchie absolutistisch und traditionell bleibt. *Schura* ist keine Spielart von Demokratie; sie ist lediglich eine unverbindliche Beratung des absoluten Herrschers. Eine Demokratisierung Saudi-Arabiens hat mit den ›königlichen Befehlen‹ demnach n i c h t begonnen. Auch ist der neue *Schura*-Rat keine politische Institution im Sinne der einleitenden konzeptuellen Ausführungen in Kapitel 1 dieser Studie.

Diesen Abschnitt über die saudische, islamisch legitimierte Monarchie möchte ich mit einigen aktuellen Informationen abschließen. Als eine im Jahre 1932 gegründete Monarchie ist Saudi-Arabien zwar jung an Jahren, trotzdem aber so vergreist wie anachronistisch. Dem Gründer Abd al-Aziz Ibn Saud folgten bis heute aus dem Kreis seiner zahlreichen Söhne folgende Prinzen auf dem Herrscherthron: Saud 1954, Faisal 1962, Khalid 1975 und Fahd 1982. Letzterer erlitt als 73jähriger im November 1995 einen Schlaganfall; sein zwei Jahre jüngerer Halbbruder Abdullah − ein wahrhafter Beduine, formal jedoch nur ein Kronprinz − hat seitdem faktisch die Macht inne. Seit dem Golfkrieg, den die USA zwar zur Verteidigung ihrer eigenen Ölinteressen führten, dessen Kosten sie aber auf die Saudis abwälzten (TIBI, 1993a, Teil 4), befindet sich die Monarchie in einer heftigen Wirtschaftskrise. Der Verfall des Ölpreises erschwert die Situation. Betrug das Pro-Kopf-Einkommen in Saudi-Arabien im Jahre 1981 noch 21 000 US $, so ist es heute auf 6 800 US $ gesunken. Obwohl Saudi-Arabien weltweit als Hüter des Islam gilt und die Flut der Moschee-Neubauten in aller Welt − vor allem in Europa − in einem unproportionalen Maße zu den bestehenden islamischen Minderheiten als Zeichen der islamischen *Da'wa*/Mission auch in Deutschland anschwillt, wird es nun selbst Opfer des Fundamentalismus. Seit dem Golfkrieg dürfen US-Bodentruppen mit zigtausend Soldaten und 200 US-Kampfflugzeugen dauerhaft in Saudi-Arabien stationiert bleiben. Im November 1995 haben Fundamentalisten in der saudischen Hauptstadt Riad einen Terroranschlag auf eine amerikanische Militäreinrichtung verübt, bei dem fünf US-Soldaten umkamen. Die fundamentalistische Opposition wirkt auch in diesem Fall von Europa − hier von London − aus. Das soll ein Zeichen wahrhafter Demokratie sein! Demokratie gilt hier für ihre Feinde, ja sogar für Terroristen.

Wenn Kronprinz Abdullah nach dem Ableben von König Fahd die Krone übernimmt und formell zu seinem Nachfolger wird, ist mit Sicherheit anzunehmen, daß er angesichts der Gefährdung der islamischen Legitimität der Monarchie dem amerikanischen Wunsch, eine ganze US-Panzer-Brigade im Land der islamischen Offenbarung zu stationieren, nicht entsprechen wird.

Wohin treiben die islamischen Monarchien?

Nach diesem Exkurs über die *Schura* sowie über die aktuelle Entwicklung in Saudi-Arabien möchte ich die zentrale Frage der Anpassungsfähigkeit der arabisch-islamischen Staaten an den Prozeß des rapiden sozialen Wandels wieder aufnehmen. Führt dieser Prozeß zu einer ›Säkularisierung‹? Wie würden islamisch legitimierte Monarchien diesen Prozeß überleben können? ›Säkularisierung‹ ist eine historische Folge von Veränderungen im kulturellen System (TIBI, 1981b, Neuausgabe 1991: 172−201). Dabei ist zwischen strukturellen Prozessen und deren kultureller Bewältigung durch die betroffenen Menschen zu unterscheiden (TIBI, 1985a).

Traditionelle islamische *Ulema* und halb-moderne islamische Fundamentalisten lassen den Begriff ›Säkularisierung‹ nicht zu, da sie ihn für unvereinbar mit dem Islam halten. Weder der historische Gehalt von ›Säkularisierung‹, noch die historische Bestimmung des Wandels werden von diesen Muslimen verstanden, die stets mit Begriffen argumentieren, die aus ihrem historischen Kontext losgelöst sind. Der ägyptische Islam-Reformer Nasr Hamid Abu-Zaid, der durch seine Verfolgung und die zwangsweise Scheidung von seiner Frau gegen seinen und ihren Willen auch im Westen bekannt geworden ist (vgl. FAZ vom 17. August 1995: 25), hat in seiner Studie über die ›Kritik der religiösen Denkweise‹ richtig festgestellt, daß sogenannte islamische Extremisten und gemäßigte orthodoxe Azhar-*Ulema* doch dieselbe Denkweise teilen (ABU-ZAID, 1993, dt. 1996). Diese ist einerseits ahistorisch, andererseits schriftgläubig und inkriminiert jede abweichende Reflexion als *Kufr*/Häresie. Im Westen gehört Glaubensfreiheit zu den Grundrechten, in der Welt des Islam bedeutet die ›Erklärung zum Ungläubigen/*Takfir*‹ die Freigabe zum Mord. Deswegen ist Abu-Zaid nach Europa geflohen.

Zu der Frage zurückkehrend, wie sich das politische System islamisch legitimierter Monarchien analog zum sozialen Wandel fortentwickeln wird, können wir zunächst eine Kluft zwischen der bestehenden traditionellen Staatsform und den sich verändernden Sozialstrukturen feststellen. Durch diese Kluft geraten traditionelle politische Systeme in Krisen. Auch die Verbreitung neuer Ideen durch die Modernisierung der Bildung und durch das Auslandsstudium, vor allem aber durch die Globalisierung der Informationstechnologie tragen zur Erschütterung der Legitimität bestehender Staatsformen islamischer Monarchien bei. Samuel Huntington hat schon lange vor dem Sturz des Schahs im Iran 1979 prognostiziert, daß die Modernisierung traditioneller Monarchien diese ihre politische Stabilität kosten würde.

›Die stärkste Bedrohung für die Sicherheit einer traditionellen Gesellschaft ist nicht die Invasion fremder Armeen, sondern das Eindringen fremder Ideen. Das geschriebene und gesprochene Wort kann sich schneller fortbewegen und tiefer eindringen als Regimenter und Panzer. Die Stabilität der Monarchien des 20. Jahrhunderts ist mehr von innen als von außen bedroht‹ (HUNTINGTON, dt. Übers. 1972: 204).

Dies hängt damit zusammen, daß traditionelle Monarchien kaum eine andere Wahl haben, ›als zu versuchen, soziale und ökonomische Reformen voranzubringen‹ (ebd.: 216). Aber gerade diese Reformen unterhöhlen die traditionellen Grundlagen der Macht und der Legitimität. Auf diese Weise zu argumentieren, ist nicht gleichbedeutend damit, die modernisierungstheoretische Position, derzufolge Säkularisierung modellartig eine Vorbedingung für Modernität ist, zu übernehmen. Heute wird im allgemeinen anerkannt, daß die Säkularisierungsfrage beispielsweise in islamischen Ländern anders gestellt werden muß, weil es wichtig ist, das jeweilige Religionssystem in die Analyse mit einzubeziehen. Die Frage, ob islamisch legitimierte Monarchien, die sich auf ein − nach ihrer eigenen Auffassung nicht wandelbares − politisiertes kulturelles Religionssystem stützen, den sozialen Wandel, dem sie sich nicht entziehen können, überleben können, bleibt von diesen Überlegungen unberührt.

Zusammenfassend lassen sich die hier untersuchten islamisch legitimierten Monarchien als einfache vorindustrielle Systeme charakterisieren; der Staat ist nicht etwa ein institutionalisiertes Gebilde (vgl. Kap. 1), sondern der Ausdruck einer Verbindung des Sakralen mit dem Politischen. Spezifisch für beide Monarchien ist der Tatbestand, daß diese Entsprechung des Sakralen und des Politischen mit den bestehenden tribalen Gesellschaftsstrukturen in Einklang gebracht werden muß. Der islamisch legitimierte Staat kann nicht allein von einem Bündnis zwischen islamischer Geistlichkeit (*Ulema*) und den jeweiligen monarchischen Herrschern getragen werden; es bedarf der Zustimmung der Stammesführer. In diesem Sinne können wir bei beiden Monarchien von einem politisch-religiös-tribalen Bündnis sprechen. Die Staatslegitimität ist jedoch primär islamisch, weshalb wir sowohl Marokko als auch Saudi-Arabien als islamisch legitimierte Gebilde im arabischen Staatensystem bezeichnen. Das entspricht keinem Fundamentalismus, sondern einem Traditionalismus. Ob diese traditionelle Herrschaftsform, die einem einfachen vorindustriellen Sozialsystem entspringt, den Prozeß des rapiden sozialen Wandels, dem alle Gesellschaften des arabischen Staatensystems ausgesetzt sind, überleben kann, wird von ihrer Fähigkeit zur Anpassung an den erfolgten Wandel abhängen.

Kapitel 6:
Ägypten: Zwischen parlamentarischem Mehrparteien-system und Militärregime

Im arabischen Staatensystem ist Ägypten das Gegenmodell zu Saudi-Arabien. Das zeigt die moderne Geschichte des arabischen Orients; sie wurde durch den Akkulturationsprozeß, den die Napoleon-Expedition nach Ägypten im Jahre 1798 ausgelöst hatte, eingeleitet. Das Reformwerk des aufgeklärten orientalischen Despoten Mohammed Ali (1805–1848) hat diesen von außen kommenden Impuls in eine lokal-regionale Tradition der Modernisierung und Verwestlichung verwandelt (TIBI, 1987a: 64ff.). Seitdem ist Ägypten, obwohl arm an Ressourcen, das sowohl sozioökonomisch als auch soziokulturell entwickeltste arabische Land und zugleich Zentrum des arabischen Staatensystems. Ägypten stand bereits im 19. Jahrhundert im Mittelpunkt der arabisch-islamischen Renaissance/al-Nahda, aber auch der Verwestlichung und der damit verbundenen Versuche der Säkularisierung. In unserer Gegenwart scheint sich diese Entwicklung umzukehren. Geistig gesehen ist Ägypten und nicht Iran das Zentrum des Fundamentalismus (RUBIN, 1990), obwohl der dortige Staat eindeutig antifundamentalistisch ist. Zunächst ist es jedoch wichtig, einen ausführlicheren Blick auf die historische Entwicklung Ägyptens als ein Modell im arabischen Staatensystem zu werfen.

Mohammed Ali gelang es mit Hilfe der mit moderner Waffentechnologie ausgerüsteten und funktional organisierten ägyptischen Truppen, seinen modernen Staat in ein kleines nahöstliches Imperium, das Syrien, Arabien und den Sudan umfaßte, zu verwandeln. Dieses sich modernisierende kleine Imperium hätte die Pläne der Kolonialmächte gefährden können; deshalb haben sie dieses Modernisierungsexperiment durch eine Intervention bereits Mitte des 19. Jahrhunderts mit militärischer Gewalt beendet. Ägypten selbst wurde einige Jahrzehnte später, im Jahre 1882, zu einer britischen Kolonie degradiert.

Die ägyptische Nationalbewegung, die sich zwischen dem Okkupationsjahr 1882 und der Erlangung der Unabhängigkeit im Jahre 1922 entfaltet hatte, trug stark westliche Züge. Sie bildete sich aus zwei konkurrierenden politischen Strömungen: dem islamischen Modernismus und dem liberal-säkularen Nationalismus des aufsteigenden ägyptischen Bürgertums. Ziel des islamischen Modernismus war eine Synthese der neuzeitlichen europäischen Zivilisation und des Reformislam, um der islamischen *Umma* zu einer Renaissance zu verhelfen. Der ägyptische Schriftgelehrte Mohammed Abduh (1849–1905) hat dem islamischen Modernismus eine lokal ägyptische, jedoch in der Wirkung auf große Teile der Welt des Islam bezogene Prägung verliehen. Um die Stagnation des Orients zu überwinden, setzte Abduh vor allem auf die Erziehung und nicht auf die politische Arbeit in den Institutionen. Die verwestlichteren ägyptischen Nationalisten waren die Vertreter der anderen Strömung, des Liberalismus (SAYYID-MARSOT, 1977). Im Gegensatz zu den islamischen Modernisten haben sie sich als eine politische Kraft formiert. Aus diesem Grund haben sie die ersten Parteien im modernen Sinne in jenem Teil der Welt gegründet. Mustafa Kamil, der Begründer der ersten modernen ägyptischen Partei *al-Hizb al-Watani*/die patriotische Partei, leistete in dieser Hinsicht Pionierarbeit. Die anderen bürgerlich-liberalen Parteien, die seinerzeit von Ägyptern mit westlicher Bildung gegründet und aufgebaut wurden, waren die *Umma*-Partei und die *al-Islah ad-Dusturi*-Partei/Konstitutionelle Reform-Partei.

Das ägyptische Experiment der parlamentarischen Demokratie

Die genannten drei Parteien strebten eine konstitutionelle, parlamentarische Demokratie nach westlichem Vorbild an und kämpften zugleich für die nationale Souveränität, indem sie für die Befreiung von der britischen Kolonialherrschaft eintraten. Bis auf die *Watani*-Partei Mustafa Kamils konnten diese Institutionen jedoch nur geringen politischen Einfluß gewinnen, weil sie vorwiegend Organisationen verwestlichter Intellektueller waren, deren politische Sprache der immer noch tief orientalisch verwurzelten Bevölkerung fremd blieb.

Viel einflußreicher als diese Organisationen war die 1919 von Sa'd Zaghlul Pascha (1860–1927) gegründete *Wafd*-Partei/Abordnungspartei, der es zunächst gelang, eine politische Mobilisierung zu erreichen, obwohl auch sie von verwestlichten Ägyptern getragen wurde. Diese Partei war nach dem Urteil des Ägypten-Experten Perlmutter die erste ägyptische Massenpartei (PERLMUTTER, 1974: 32). Die 1922 erkämpfte ägyptische Unabhängigkeit wird auch als ein Werk der *Wafd*-Partei angesehen. Die *Wafd*-Organisation kann jedoch aufgrund der charismatischen Herrscherrolle Zaghluls (vgl. Kap. 2) nicht als institutionalisiert im Sinne des Bezugsrahmens dieses Buches (vgl. Kap. 1) eingestuft werden. Wir werden sehen, daß nach dem Tod Zaghluls eine Kursänderung in der Partei stattfand, was in institutionalisierten Organisationen, in denen die Politik nicht personifiziert ist, nicht geschehen würde. Ägypten bekam ein Jahr nach Erlangung der völkerrechtlichen Souveränität, also 1923, eine liberal-konstitutionelle Verfassung, in der alle Grundrechte und eine Gewaltenteilung im europäischen Sinne gewährleistet wurden. Aus diesem Grund habe ich in meiner Typologie des arabischen Staatensystems (Kap. 2) neben dem Libanon nur noch Ägypten vor dem Staatsstreich von Nasser 1952 als parlamentarische Demokratie eingestuft.

Die ersten Parlamentswahlen gewann die *Wafd*-Partei. Ägypten besaß nun ein politisches System, mit dessen Hilfe ein Prozeß der Institutionalisierung hätte eingeleitet werden können. Das parlamentarische Regierungssystem konnte aber nicht frei von fremden Eingriffen funktionieren, weil die ehemalige britische Kolonialmacht stets über das Königshaus in die ägyptische Politik intervenierte, um legal gewählte Regierungen abzusetzen, wenn diese die britischen Interessen in Ägypten antasteten. Ich habe diese Problematik bereits in dem Typologie-Kapitel (Kap. 2) angesprochen.

Die führenden politischen Parteien des unabhängigen Ägypten, d. h. nach 1923, waren neben der *Wafd* die *Watani*-Partei und die Partei der Konstitutionell-Liberalen/*al-Ahrar ad-Dusturiyyin*. Von den 17 Kabinetten, die zwischen 1923 und 1950 in Ägypten gebildet wurden, bestritt die *Wafd*-Partei nur fünf, obwohl sie bei unverfälschten Wahlen immer als Siegerin hervorging. Neben diesen liberal-bürgerlichen Parteien, die sich alle, zumindest formell, zur parlamentarischen Demokratie und zum Mehrparteiensystem bekannten, entwickelten sich zwei extremistische politische Gruppierungen, die als antiparlamentarisch bezeichnet werden können: die linksextremistische *Kommunistische Partei Ägyptens/KPÄ* und − seit 1928 − die rechtsextremistische Organisation der *Muslimbruderschaft*. Die ältere *KPÄ* ging 1922 aus einer Abspaltung der u. a. von Salama Musa (1887−1958) gegründeten demokratisch-sozialistischen *Hizb al-Ischtiraki*/Sozialistische Partei hervor. 1923 wurde die *KPÄ* Mitglied der Kommunistischen Internationale. Diese Partei, deren Bedeutung in den Untersuchungen der früheren DDR-Orientalistik exzessiv übertrieben wurde, bestand aus einem Kreis von Personen, ›die zur Mittelklasse oder zu den bürgerlichen Intellektuellen‹ (AGWANI, 1969: 5) gehörten, wie der Historiker der kommunistischen Bewegung im arabischen Orient, Agwani, anmerkt; ihre Wirkung war entsprechend gering.

Die zweite extremistische Bewegung in Ägypten muß weit ernster genommen werden, zumal sie auf autochthone gesellschaftliche Wurzeln, den Islam, zurückgreifen konnte. Die 1928 von Hassan al-Banna (1906–1949) gegründete *Muslimbruderschaft* ist bis heute eine wichtige Kraft in Ägypten geblieben; sie existiert heute nur informell, weil in Ägypten keine religiösen Parteien zugelassen sind. al-Banna legte in seinen Schriften die Saat für den islamischen Extremismus unserer Gegenwart; und die *Muslimbruderschaft* gilt als erste Bewegung des militanten islamischen Fundamentalismus (MITCHELL, 1969). Wie die *KPÄ* ist sie antiparlamentarisch.

Auch der Orient kennt den Antiparlamentarismus von links und rechts, jedoch mit diesem Unterschied: Während die eine Partei die Diktatur des Proletariats in der agrarischen Gesellschaft Ägyptens anstrebte, arbeitete die andere auf ihr Ziel einer Diktatur des *an-Nizam al-Islami*/islamisches Regierungssystem hin, in der weder Parteien, noch Andersdenkende Platz haben würden. Damit wurde in Ägypten die erste islamisch-fundamentalistische Vorstellung eines Gottesstaates verbreitet. Die *Muslimbruderschaft* verfolgte gegenüber dem parlamentarischen Regierungssystem – damals ebenso wie heute – eine Doppelstrategie, wie sie z. B. auch bei den kommunistischen Parteien Westeuropas während des Ost-West-Konflikts zu finden war. Einerseits nahm sie die Handlungsspielräume des Parlamentarismus gern für sich in Anspruch, um als politische Partei frei agieren zu können, andererseits aber bekämpfte sie eben dieses System. Die *Muslimbruderschaft* ging sowohl gegen die Liberalen der *Wafd*-Partei als auch gegen die Kommunisten als Feinde des Islam vor und befürwortete Gewalt als Mittel politischer Auseinandersetzung.

Kurzum: Im Ägypten der Jahre 1923 bis 1952 dominierten drei politische Strömungen: Erstens der Liberalismus, zweitens der politische Islam der *Muslimbruderschaft* und schließlich der Kommunismus.

Die liberale *Wafd*-Partei war die einzige der genannten Organisationen, die die Demokratie bejahte; sie sprach jedoch populistisch alle Volksschichten an. Nach dem Tode Zaghluls, der, wie bereits erwähnt, die Partei durch seine charismatische Herrschaft verkörperte, wurde die Parteiführung von dem Großgrundbesitzer Nahas Pascha übernommen.

>Die Anziehungskraft der *Wafd* für die Massen begann, sich zu verringern ... die Partei versank im Dickicht der oligarchischen Politik. Was eine erfolgversprechende Massenpartei gewesen war, verwandelte sich schnell in eine Partei, die von abwesenden Großgrundbesitzern und Großindustriellen geleitet wurde ...< (PERLMUTTER, 1974: 32).

Die frustrierten *Wafd*-Anhänger aus den kleinbürgerlichen städtischen Schichten (Verwaltungsbeamte, Angestellte, Lehrer u. a.) liefen, vor allem während der Zeit der Weltwirtschaftskrise, die auch in den ägyptischen Großstädten ihre Spuren hinterließ, aus Protest zur *Muslimbruderschaft* über. Die zentrale Schwäche des ägyptischen Parlamentarismus lag in der Vorstellung der Liberalen begründet, die Etablierung konstitutionell-demokratischer, parlamentarischer Institutionen sei für eine stabile politische Situation ausreichend. Die Liberalen >... ignorierten die Frage der politischen Sozialisation und der wirtschaftlichen Entwicklung< (ebd.: 36).

Nachdem die *Wafd*-Partei ihren Charakter als Volkspartei, der unter Zaghlul sehr betont worden war, 1927 eingebüßt hatte und zur Partei der ägyptischen Oligarchie geworden war, gab sie auch ihren gesamtnationalen, antikolonialistischen Charakter auf. Bereits im Jahre 1936 unterzeichnete sie als Regierungspartei das ägyptisch-britische Abkommen, das von vielen ägyptischen Historikern als >ein nationaler Verrat< der *Wafd* bewertet wird. Als Todesstoß für die ägyptische Demokratie erwies sich jedoch das Vorgehen der Briten im Februar 1942. Panzer der in Ägypten stationierten britischen Streitkräfte belagerten das Schloß des ägyptischen Königs Faruq − also des Staatsoberhauptes eines völkerrechtlich souveränen Staates −, um eine von der *Wafd*-Partei zu tragende Regierungsbildung zu erzwingen. Hatten die Briten vor 1927 noch interveniert, um legale, durch freie Wahlen an die Macht gekommene *Wafd*-Regierungen zu beseitigen, so intervenierten sie nun mit umgekehrter Zielsetzung. Nach dem britisch-ägyptischen Abkommen von 1936 hatten sich ihre Interessen verlagert, ›waren Briten und die *Wafd* keine Feinde mehr‹, wie der Harvard-Ägypten-Experte Safran schreibt.

> ›Die Partei, die sich selbst als Wächterin der nationalen Bestrebungen bezeichnete, die jahrelang leidenschaftlicher als alle anderen zugunsten der demokratischen Verfassung gekämpft hatte, übernahm jetzt die Macht durch einen Akt, der eine ungeheuerliche Verletzung sowohl der ägyptischen Souveränität als auch der Verfassung darstellte‹ (SAFRAN, 1961: 193).

Ein System, das von einer solchen Partei getragen wird, muß den Parlamentarismus in Verruf bringen. Dadurch wird verständlich, daß das parlamentarische Regierungssystem in Ägypten seitdem mit den Panzern der Kolonialmacht und die Parlamentarier dieses Mehrparteiensystems mit Politikern, die durch solche Panzer an die Macht kommen, assoziiert wird. Rückblickend kann der Beobachter urteilen, daß dies der ›Beitrag‹ des Westens zur Verbreitung der Demokratie in einem wichtigen Land der islamischen Zivilisation war.

Auflösung des Mehrparteiensystems und die ersten politischen Organisationen des Militärregimes

Als die ›Freien Offiziere‹ am 23. Juli 1952 die politische Macht durch einen Staatsstreich eroberten, verfolgten sie keine bestimmte politische Strategie; sie waren nur gegen den Status quo. Ihre Vorstellungen, wie dieser zu verändern sei, waren sehr vage. Nasser (1918–1970) und seine militärischen Mitstreiter hatten starke Abneigungen gegenüber den politischen Parteien. Die Ausführungen in diesem Kapitel über die ägyptische Parteiengeschichte machen es verständlich, daß Nasser und die anderen ›Freien Offiziere‹ der westlichen Demokratie ablehnend gegenüberstanden. Für die Militärs waren die politischen Parteien Handlanger der Bankiers und der Paschas sowie Instrumente der Großgrundbesitzer. Schon bevor die Fraktionskämpfe 1954 zugunsten des Hauptmanns Nasser entschieden waren, ließ das Militärregime per Dekret (vom 17. Januar 1953) ein allgemeines Parteienverbot verordnen. Mit anderen Worten: Nasser kam ohne eine institutionalisierte politische Legitimität an die Macht.

Nach dem in Kapitel 1 entwickelten Bezugsrahmen müßten der Aufbau einer institutionalisierten Partei und die Durchführung einer Agrarreform die zentralen Aufgaben von an die politische Macht gelangten Militärs sein, wenn sie den Prozeß der Institutionalisierung vorantreiben wollen. Die ›Freien Offiziere‹ schienen diese Voraussetzung zunächst zu erfüllen. Der Erlaß zum Parteienverbot erfolgte fast parallel zur Verkündung einer Agrarreform und zur Gründung der politischen Organisation Befreiungssammlung/_Hay'at at-Tahrir_ (1953). Der Sinn einer Agrarreform besteht darin, das strukturelle Gefälle zwischen Stadt und Land abzuschwächen. Meine Habilitationsschrift aus dem Jahre 1973 enthält eine Fallstudie über die ägyptische Agrarreform, deren Ergebnis kurz in der Aussage zusammenzufassen ist, daß diese Agrarreform mißlungen ist (TIBI, 1973, Kap. 8: 223ff.). In der in Ägypten als Lehrbuch zugelassenen Studie von Yahya über die politische Institutionenbildung wird das Scheitern eingeräumt (YAHYA, 1966: 309). Beide Maßnahmen, also die Agrarreform und der Parteienaufbau, blieben ohne Erfolg.

Nach der Auflösung seiner ersten erfolglosen Organisation gründete das Militärregime Mitte 1957 seine zweite politische Organisation, die _Nationale Union_. Aber auch diese war nicht als moderne politische Partei, sondern als eine die gesamte Nation umfassende politische Organisation gedacht. In seinen politischen Reden hatte Gamal Abdel Nasser in den politischen Parteien ein Synonym zur Fremdbestimmung und einen Gegensatz zu den nationalen ägyptischen Belangen gesehen. Er und seine Mitstreiter hatten nicht vergessen, daß die _Wafd_-Partei sich nach dem Tode Zaghluls mit der britischen Hegemonialmacht arrangiert hatte. Diese Abneigung gegenüber den Parteien ging so weit, daß die _Nationale Union_ nicht einmal definitorisch als Partei bezeichnet werden durfte. Nach dem im 1. Kapitel dieses Buches entwickelten Vorverständnis war die neue Partei keine Institution, die zwischen den verschiedenen, miteinander in Konflikt stehenden gesellschaftlichen Interessen vermitteln sollte. Nach Nassers populistischer Ideologie von der ägyptischen Nation gab es keine sozialen oder politischen Konflikte. Die *Nationale Union* hatte vor allem die soziale Funktion einer akklamativen, d. h. Zustimmung zum politischen Regime erbringenden politischen Organisation.

Im Februar 1958 vereinigten sich Ägypten und Syrien unter Nassers Führung panarabisch zur *Vereinigten Arabischen Republik/VAR*. In Syrien etablierte sich ein Zweig der *Nationalen Union*. Die durch einen militärischen Staatsstreich im September 1961 erzwungene Sezession Syriens von der *VAR* veranlaßte Nasser, die *Nationale Union* in Ägypten aufzulösen. Nasser behauptete, daß diese Organisation gescheitert sei, weil sie die Sezession nicht habe verhindern können. Wie ein Kartenhaus brach seinerzeit die syrische Abteilung dieser *Nationalen Union* zusammen, weil sie keinerlei institutionalisierte Strukturen besaß. Aber nicht das Fehlen dieser Strukturen war für Nasser eine Erklärung für den Mißerfolg dieser zweiten politischen Organisation des Militärregimes. Stattdessen wird in dem zitierten ägyptischen Lehrbuch die Verschwörung der ›opportunistischen, reaktionären und ausbeuterischen Kräfte, die die Revolution von hinten erstochen haben‹, angeprangert (JAHYA, 1966: 323). Nur zur Erinnerung: Ähnlich lautete die offizielle Deutung auch schon bei der Auflösung der *Befreiungssammlung*. Arabische Politiker deuten jeden Mißerfolg als ein Resultat einer von äußeren Mächten angezettelten *Mu'amarah*/Verschwörung (TIBI, 1993a).

Der dritte Versuch: Die Einheitspartei ASU

Das Militärregime baute 1962 die *Arabische Sozialistische Union/ASU* auf. Dieses neue Gebilde unterschied sich von ihren beiden Vorgängerinnen dadurch, daß sie schon bei ihrer Geburt als politische Organisation/*Tanzim Siyasi* definiert wurde. Das ging schon aus dem am 7. Dezember 1962 erlassenen Statut dieser Staatspartei hervor. Die *ASU* bestand demzufolge aus der Summe der Basiseinheiten, die auf der Ebene des Dorfes bzw. der Fabrik, Schule, Universität etc. aufzubauen waren. Ägypten besteht aus 25 Verwaltungseinheiten/*Muhafadhat*, die jeweils in Distrikte/*Marakiz* unterteilt sind. Ein Distrikt konstituiert sich in der Regel aus einer größeren Stadt und mehreren Dörfern. Nach dem zitierten Statut hatte jedes Dorf ein Basiseinheitskomitee und eine Basiseinheitsversammlung. Der Aufbau der *ASU* ähnelt einer ägyptischen Pyramide: Die Basis ist das Dorf, die nächsthöhere Parteistufe ist das Komitee bzw. die Versammlung der Stadt, dann des *Markaz*/Distrikt bzw. der *Muhafadha*/Verwaltungseinheit. Auf nationaler Ebene bilden das höhere Exekutivkomitee bzw. die *ASU*-Generalversammlung die Spitze der Pyramide. Der amerikanische Sozialwissenschaftler Mayfield, der die Agrarpolitik Nassers und — notwendigerweise in diesem Kontext — die *ASU* untersuchte, bemerkt zu dieser organisatorischen Struktur:

> ›Diese Durchdringung durch die *ASU*-Maschinerie stellt ein effizientes Mittel zur Kontrolle und Regulierung dar, das der Zentralregierung sonst nicht zur Verfügung gestanden hätte‹ (MAYFIELD, 1971: 118).

Die Funktionäre der *ASU* waren zu Nassers Zeiten vorwiegend ehemalige Offiziere, also Angehörige der militärischen und politisch herrschenden Elite, die mit der auf dem Lande herrschenden traditionellen Obrigkeit verbündet waren. Dennoch kann der Parteiapparat der *ASU* nicht mit der militärischen Elite identifiziert werden, weil es zwischen der Armee und der politischen Elite der *ASU* einen Konflikt gab. Um diesen Konflikt, der im Verlauf der Machtkämpfe um die Nachfolge Nassers offenkundig wurde, deuten zu können, scheint die von Perlmutter vorgenommene Unterscheidung zwischen einer herrschenden und einer strategischen Elite im praetorianischen System Ägyptens analytisch hilfreich zu sein. Die politische Elite herrscht im praetorianischen System angesichts des Fehlens von politischen, eine politische Beteiligung gewährenden Parteien uneingeschränkt. Die militärische Herrschaft umfaßte nach 1952 zunächst nur den politischen Apparat, dehnte sich dann aber auf alle Staatsfunktionen bzw. den wirtschaftlichen Sektor aus. Die Träger dieser erweiterten Herrschaftssphäre habe ich in einer früheren Untersuchung als ›zivil gekleidete Militärs‹ beschrieben (TIBI, 1973). Gerade diese zweite Gruppe der politischen Elite bezeichnet Perlmutter als strategische Elite:

> ›Die freien Offiziere sind die herrschende Gruppe und viele Mitglieder der strategischen Elite werden aus der Armee rekrutiert oder von dieser hinzugewählt. Diese Art der Rekrutierung trägt dazu bei, die herrschende Gruppe in allen Schlüsselzentren der politischen Macht zu verbreiten. Daher haben frühere Armeeoffiziere bestimmte Privi-

legien, die andere Mitglieder der strategischen Elite nicht genießen
... Unter den strategischen Eliten sind die Offiziere damit beauftragt,
Regierungsressorts zu koordinieren, Industriezweige und Wirt-
schaftsunternehmen zu leiten, der Bürokratie die ›Ägyptische Revo-
lution‹ oder das Nassersche Konzept von Politik einzuimpfen und
Landreformen zu verwalten‹ (PERLMUTTER, 1974: 115).

Die neue politische Organisation wurde von der strategischen
Elite kontrolliert und weiter ausgebaut. Obwohl die *ASU* von
ehemaligen Offizieren getragen wurde, entwickelte sie sich, besonders nach 1965, zu einem politischen Gegengewicht zur Armee; sie wurde somit zu der Institution der politisch herrschenden Elite. Nasser, der zu dieser politischen Elite gehörte, ge-
währte der strategischen Elite aber dennoch einen gewissen
Handlungsspielraum, weil er sie zur Etablierung seiner Herrschaft benötigte. Dies ist auch die politische Praxis von seinen
Nachfolgern Sadat und Mubarak.

In Kapitel 1 dieses Buches wurden die Militärs als radikale
Praetorianer charakterisiert, die durch den Aufbau von Parteien
Institutionen bilden könnten, die zur Institutionalisierung des
politischen Systems beitragen. Die *ASU* und ihre innere Struktur als ein *Tanzim Siyasi*/politische Organisation könnte man
als einen solchen Beitrag zur Institutionalisierung deuten. Da
die Herrschaft aber auf allen Ebenen durch den charismatischen
Führer Nasser verkörpert wurde, kann man die Politik des nas-
seristischen, radikal-praetorianischen Systems als personifiziert
bezeichnen. Hier lagen die Grenzen der Institutionalisierung.

Obwohl Nasser ein Entwicklungsmodell hatte, stand die
Außenpolitik im Mittelpunkt seines Denkens und Handelns
(LORENZ, 1990, Kap. 3). Das Ausscheiden Syriens aus der *Vereinigten Arabischen Republik* ließ ihn jedoch über sein Regime
nachdenken. Die Sezession Syriens öffnete ihm die Augen über
die reale Schwäche seiner politischen Organisationen. Aus diesem Grund war er nach 1961 bestrebt, der neuen Partei eine
nicht nur akklamative Funktion zuzuweisen. Die *ASU* war ein
Kompromiß zwischen den Konzepten einer zentral gelenkten,
akklamativen Partei (dies waren die *Befreiungssammlung* und
die *Nationale Union*) und einer partizipatorischen Kaderpartei.
Die Schlüsselfigur des charismatischen Herrschers blieb aber
unangetastet. Somit blieb die Macht personifiziert. Im Lichte
dieser Tatsache können wir auch in der *ASU* eine Fortsetzung

der Tradition der *Befreiungssammlung* und der *Nationalen Union* sehen:

>Die politischen Funktionen der Befreiungssammlung, der Nationalen Union und der Arabischen Sozialistischen Union waren außerordentlich begrenzt und ihr sozialer Einfluß strikt eingeschränkt. Die von Nasser errichteten politischen Gebilde hatten die Funktion von Regierungsparteien, um die Opposition zu beseitigen und gleichzeitig zur Verbreitung der Nasserschen Ideologie im ägyptischen Volk zu sorgen. Sie dienten ferner als ad-hoc-Instrumente zur Lösung von kritischen innen- und wirtschaftspolitischen Fragen. In den Bereichen Außen- und Sicherheitspolitik lag die Entscheidungsmacht jedoch bei dem *Rais* sowie bei einigen Offizieren seines Vertrauens< (PERLMUTTER, 1974: 163f.).

Der *Rais* ist im Arabischen der Führer; die von ihm befehligte politische Ordnung scheint der von Wittfogel beschriebenen >orientalischen Despotie< zu ähneln; trotz der >oberflächlichen Modernisierung< des Orients scheinen die dortigen >Führer< von dieser Despotie >noch immer mächtig angezogen< zu werden (WITTFOGEL, 1962: 32). Eine institutionalisierte Ordnung ist dies wohl nicht.

Nach Nassers Tod brach – wie bereits angesprochen – der Machtkampf zwischen den beiden Fraktionen der ägyptischen militärischen Elite aus, den man als Konflikt zwischen den >zivil gekleideten<, nunmehr zu politischen Kader-Technokraten avancierten *ASU*-Funktionären und den militärischen Praetorianern interpretieren kann. Daß dieser Machtkampf zugunsten der militärischen Praetorianer entschieden wurde, zeigt deutlich, daß der Institutionalisierungsgrad der *ASU* noch sehr niedrig war. Dennoch spricht die Tatsache, daß der Konflikt um die Nachfolge Nassers institutionell in der *ASU*-Organisation selbst ausgetragen wurde, für die – wenn auch in geringem Maße – vorhandenen Ansätze zur Institutionalisierung. Doch oblag es machtmäßig der Armee zu bestimmen, wie über den Konflikt entschieden wurde.

Ägypten nach Nasser: Rückkehr zum parlamentarischen Mehrparteiensystem?

Der Tod des charismatischen Führers hinterließ ein Vakuum. Durch seine bonapartistische Herrschaftsqualität war es Nasser gelungen, die konkurrierenden Fraktionen der politischen und strategischen Eliten Ägyptens zu zähmen und zusammenzuhalten. Doch das zurückgelassene Vakuum konnte nicht institutionell gefüllt werden.

Ansätze zu einer Institutionalisierung in der *ASU* waren, wie wir gesehen haben, vorhanden. Die Personifizierung der Politik durch den orientalischen Despoten Nasser stellte aber die nicht überschreitbare Grenze für eine institutionalisierende Umgestaltung des politischen Systems dar. Da die beherrschende und zugleich ausgleichende Autorität nunmehr fehlte, brachen die angesprochenen Machtkämpfe um die Nachfolge aus.

Sadat war, wie alle Ägypten-Experten – der Autor eingeschlossen – seinerzeit urteilten, nur ein Kompromißkandidat, eine Art Interimspräsident, dem man nicht zutraute, die autokratische Position Nassers zu erobern (TIBI, 1973: 319ff.). Doch Sadat vermochte es, den Konflikt zwischen beiden Fraktionen der ägyptischen Elite, der politisch herrschenden (Armee) und der strategischen (Technokratie und *ASU*-Bürokratie), auszunutzen und gleichzeitig die Richtungskämpfe innerhalb der Streitkräfte (prosowjetische Luftwaffe und antisowjetisches Heer) für sich zu instrumentalisieren, um dann die Gegenkraft, die *ASU*, unter dem Vorwand der Ausschaltung dessen, was er als ›Machtzentren‹ bezeichnete, zu schwächen. Vom Ansatz der hier vorliegenden Studie her muß der nach diesem Coup (offizielle Sprachregelung Sadats: ›Korrektivrevolution‹) eingeschlagene Kurs der Neutralisierung der *ASU* und des Wiederaufbaus einer autokratischen Herrschaft als Rückfall, als Unterminierung der eingeleiteten Institutionalisierung interpretiert werden. Denn trotz aller Kritik war nicht zu übersehen:

> ›Die *ASU* wird mehr und mehr zu der Arena werden, in der sich alle Interessenkonflikte im politischen System Ägyptens ereignen werden‹ (MAYFIELD, 1971: 139).

Zwischen 1971 und 1973 (den Jahren der ›Korrektivrevolution‹) wurde die *ASU* systematisch unterminiert. Aus dem ägyptischen Erfolg im Oktoberkrieg 1973 ging das politische System des neuen Führers Sadat gestärkt hervor. Im August 1974 legte er ein Reformpapier zur Neuorganisation der *ASU* vor. Im darauffolgenden Jahr durften sich ›Plattformen/*Manabir*‹ als politische Fraktionen innerhalb der *ASU* formieren, die sich in drei Gruppierungen sammelten: die arabisch-sozialistische Plattform, die die Richtung Sadats vertrat, die sozialistisch-liberale und die progressiv-nationale Plattform. Nachdem er diese Vorarbeit geleistet hatte, führte Sadat in seiner Rede vom 11. November 1976 das Mehrparteiensystem in Ägypten ein; die drei genannten Plattformen durften sich zu Parteien formieren. Das neue System sah aber die Beibehaltung der *ASU* als Dachorganisation der politischen Parteien vor.

Wie es unter einer autokratischen Herrschaftsform üblich ist, werden politische Veränderungen nicht in den Institutionen beraten und beschlossen, sondern durch Dekrete oder Reden verkündet. In seiner Juli-Rede von 1978 kündigte Sadat die endgültige Auflösung der *ASU* an, die ohnehin nach der ›Korrektivrevolution‹ und der *Infitah*, d. h. der Öffnung, nur noch formal bestanden hatte. Laut Sadats neuer Rede sollte sie nun auch nicht mehr als Dachorganisation der zugelassenen Parteien existieren. Diese Maßnahme hatte zur Folge, daß die politischen Parteien nicht mehr als Unterorganisationen der *ASU* verstanden wurden und somit der Neugründung bedurften, womit Sadat das Mehrparteiensystem als Schritt in Richtung politischer Vielfalt wieder eingeführt hatte (HINNEBUSCH, 1988, Kap. 7).

Die damals zugelassenen vier Parteien waren: 1) die *National-Demokratische Partei* (Sadats Partei), 2) die *Sozialistische Arbeiterpartei*, 3) die *Liberal-Sozialistische Partei* und 4) die *Vaterländische Gruppierung*. Links- und rechtsextreme Parteien (*KPÄ* und *Muslimbrüder*) sind seitdem – auch unter Mubarak – nicht zugelassen. Aus den danach stattfindenden Parlamentswahlen ging Sadats Partei, wie vorauszusehen war, als stärkste hervor. Arnold Hottinger berichtete damals aus Kairo:

> ›Die Wahlen sind so angelegt, daß sie die Möglichkeit eines Machtwechsels von vornherein ausschließen. Die wirkliche Macht bleibt bei Präsident Sadat‹ (NZZ vom 8. Juni 1978).

Die *Infitah*/Öffnungspolitik Sadats wurde in den Medien oft als eine Liberalisierungspolitik gefeiert. Der Ägypten-Experte Ansari glaubt jedoch – nicht ohne Grund –, daß sich eine ›Retraditionalisierung hinter der liberalen Maske versteckte‹ (ANSARI, 1986: 195ff.). Mit anderen Worten: Die *Infitah*/Öffnungspolitik Sadats hatte nicht zur Liberalisierung und zur Institutionalisierung beigetragen, sondern schlimmere Verhältnisse als zu Nassers Zeiten herbeigeführt. Korruption wurde seitdem zu einem Merkmal des politischen Systems. Die politischen Funktionäre Nassers wurden durch die ›Fat Cats‹ Sadats abgelöst, die sich durch die *Infitah*-Politik über Nacht bereichern konnten (so HIRST u. BEESON, 1981: 215ff.).

Oberflächlich betrachtet, könnte die Einführung des Mehrparteiensystems in Ägypten als ein Beitrag zur Institutionalisierung erscheinen. Durch die Reprivatisierung der staatlichen Betriebe und die Auflösung der *ASU* war die strategische Elite von der militärisch-praetorianischen ausgeschaltet worden. Zu Sadats Zeiten und auch im heutigen Ägypten unter Mubarak gibt es, im Gegensatz zu Nassers Zeiten, kein institutionelles Gegengewicht zu der die Politik personifizierenden autokratischen Herrscherfigur, die die Interessen der militärisch-praetorianischen Elite vertritt. Die beiden Parlamentskammern *Madjlis al- Scha'b* (Volksrat) und *Madjlis al-Schura* (*Schura*-Rat) sind trotz des Mehrparteiensystems faktisch Organisationen der Regierungspartei: *Die National-Demokratische Partei/NDP*.

Nach der Ermordung Sadats im Oktober 1981 wurde sein Nachfolger Husni Mubarak, ein ehemaliger General der Luftwaffe, zugleich Präsident und Vorsitzender der *National-Demokratischen Partei*. Während der 80er und 90er Jahre wurden er und seine Partei bei Präsidentschaftswahlen (ohne Gegenkandidat) und bei Parlamentswahlen (neben anderen Parteien) immer wieder neu gewählt. Während der Mubarak-Ära (SPRINGBORG, 1989) hatte ich die Gelegenheit, sowohl die Parlamentswahlen vom November 1990 (hierüber TIBI, 1993a, Kap. 12) als auch vom November 1995 vor Ort zu beobachten. In beiden Fällen bestand von vornherein kein Zweifel daran, daß die *NDP* als Siegerin aus der Wahl hervorgehen würde.

Bei aller Kritik (vgl. ebd.) und trotz meiner Überzeugung, daß Ägypten keine Demokratie ist, neige ich bei einem Vergleich mit anderen arabischen Ländern dazu, von einer ›Zivilianisierung‹ des ägyptischen Systems zu sprechen. Zivilianisierung bezieht sich hier gleichermaßen auf *civil society* und *institution building*. Husni Mubarak hat kein Charisma und ist im Vergleich nicht nur zu Nasser, sondern auch zu Sadat ein schwacher politischer Führer, dafür kann man aber in Kairo politisch frei sprechen und atmen. Diese Zeilen schreibe ich am Nilufer, wo man – im Gegensatz zu anderen arabischen Städten, sei es nun Bagdad, Damaskus, Riad, Algier oder irgendeine andere arabische Stadt (vielleicht mit Ausnahme von Amman und Rabat) – Kritik an den politischen Verhältnissen äußern kann, ohne deshalb im Gefängnis oder in den Kellern des Geheimdienstes zu landen. Die Ägypter erzählen ungestraft niedliche Witze über ihren schwachen Präsidenten, wofür Araber anderswo gefoltert werden und in den Geheimdienstkellern verschwinden, um dann zu Allah in den Himmel befördert zu werden.

Ich weiß, daß die Freiräume in Ägypten keinen Maßstab für Demokratie bieten. Dennoch: ›Freiheit‹ ist stets relativ. Mein Lehrer Theodor Adorno definierte in einer Vorlesung Freiheit als ›Gewißheit, daß derjenige, der morgens an der Tür klingelt, der Milchmann und nicht ein NS-Offizier‹ ist. In Kairo bedeutet Freiheit für mich das Schreiben dieser Zeilen (Dezember 1995) und die Tatsache, daß ich es wage, mich hierbei offen über die Fälschungen bei den jüngsten Wahlen zu äußern, ohne die Angst zu haben, daß der Nachbar im Cafe-Haus am nächsten Tisch ein *Mukhabarat*/Geheimdienst-Offizier ist, der mithört. Niemand wird belauscht, und niemand wird nach einem kritischen Gespräch abgeführt und verschleppt, wenn man sich nicht gerade in Kreisen der des Terrorismus verdächtigten Fundamentalisten bewegt. Ich bin kein Europäer und habe deshalb Verständnis dafür, daß das Mubarak-Regime auf die terroristischen Anschläge islamischer Fundamentalisten nicht mit ›Toleranz‹ reagiert. Toleranz gilt nur auf der Basis gegenseitig anerkannter Spielregeln der Demokratie. Die Indifferenz gegenüber Intoleranz ist nicht Toleranz, sondern Idiotie.

Nasser war – im Gegensatz zu Mubarak – ein großer arabischer Politiker mit Charisma. Sein *Mukhabarat*-Apparat hat in uns Arabern jener Epoche aber einen Schatten der Angst vor dem damals von allen bewunderten Helden zurückgelassen. In den Angstregimen des arabischen Staatensystems kann keine Demokratie gedeihen. Der irakische *Rais* Saddam Hussein, ein Möchtegern-Nasser, ist zwar nur eine Karikatur von Nasser, aber seine Republik, die ein irakischer Oppositioneller als ›Republik der Angst‹ (AL-KHALIL, 1987) bezeichnete, ist Nassers *Mukhabarat*-Republik ähnlich, wenngleich erheblich brutaler. Ägypten ist heute eine andere Republik, die mit großen Problemen kämpft, aber dennoch ihren Charme hat.

Ausblick:
Kriege, Fragmentation und Krisen: Das arabische Staatensystem nach dem Ende der Nahostkriege

Bei der Konzipierung der vorliegenden einführenden Studie über das arabische Staatensystem stand der Autor vor dem Problem, daß der anstehende Gegenstand auf zwei Ebenen erörtert und beleuchtet werden kann: der inneren und der äußeren. Der geringe Umfang dieses Bandes hat dazu gezwungen, sich auf einen der beiden Aspekte zu konzentrieren. Der Fokus dieser Studie liegt daher auf der inneren Struktur des arabischen Staatensystems. Im Vorwort habe ich kurz das Projekt erläutert, aus dem diese Schrift hervorgegangen ist. Dort habe ich auch auf mein Harvard-Buch (TIBI, 1993b) hingewiesen, in dem ich die Nahostkonflikte und -kriege im Rahmen einer Analyse der internationalen Politik der arabischen Staaten untersuche. Die Geschichte dieser Außenbeziehungen läßt sich in wenigen Worten als eine Geschichte des Krieges und der Suche nach einem Frieden deuten; das arabische Staatensystem ging aus dem Ersten Weltkrieg hervor, und die Suche nach Frieden vollzog sich stets im Streit um die Art der regionalen Ordnung (dazu DIERKE, 1996).

Nach dem Zweiten Weltkrieg wurde die Entkolonialisierung abgeschlossen. Darauf folgten die vier arabisch-israelischen Kriege (1948, 1956, 1967, 1973), der Libanonkrieg von 1982 sowie zwei Golfkriege (1980–88, 1991). Hinzu kommen weitere lokale Kriege (u. a. Sahara-Krieg, Tschad-Krieg, mehrere Jemen-Kriege). Innenpolitisch – Schwerpunkt dieses Bandes – war die Geschichte des arabischen Staatensystems bisher durch gewaltsame (Irak) und weniger gewaltsame (Ägypten) Staatsstreiche, durch Krisen und vor allem durch einen innerarabischen Kalten Krieg (KERR, 1974), kurzum: durch regionale Fragmentation gekennzeichnet (CORM, 1988).

Wird das arabische Staatensystem mit der Bestimmung eines fragmentierten und ordnungslosen regionalen Subsystems in das 21. Jahrhundert hinübergehen? Ein historischer Überblick soll als Basis für eine tentative Antwort dienen, mit der dieser Band abzuschließen ist.

Die Geburt des arabischen Staatensystems geht auf die Zeit zwischen den Weltkriegen zurück. Seinerzeit rivalisierten innerhalb der ersten als Monarchien gebildeten arabischen Staaten drei arabische Könige miteinander: der ägyptische, der irakische und der saudi-arabische König (PORATH, 1986). Die Gründung der Arabischen Liga (MACDONALD, 1965) und die Bildung der arabischen Front im ersten arabisch-israelischen Krieg gelten als die Formierungsjahre des arabischen Staatensystems. Der Sturz der Monarchie in Ägypten 1952 und der Aufstieg des populistischen Panarabismus unter Nasser leiteten eine neue Phase dieses Staatensystems ein, deren Höhepunkt der bereits angeführte ›arabische Kalte Krieg‹ war. Berücksichtigen wir die Bedeutung der vier gesamtarabisch-israelischen Kriege (OVENDALE, 1984) für die Bestimmung des arabischen Staatensystems, dann versetzt uns dies in die Lage, die Wucht der Erschütterung, die diesem System mit der umfassenden Niederlage im Sechs-Tage-Krieg im Juni 1967 (TIBI, 1989, Kap. 3−4) widerfahren ist, zu ermessen. Bei dem royalistischen Kampf um die Führung zwischen den beiden Weltkriegen sowie im arabischen Kalten Krieg der 50er und 60er Jahre, d. h. während der populistischen Nasser-Ära, gab es klare Fronten und wechselnde Bündnisse; seit 1967 jedoch herrscht nur diffuse Fragmentation und geistige Desorientierung im arabischen Staatensystem (AJAMI, 1981).

Für den oberflächlichen Beobachter mag der vierte Nahostkrieg vom Oktober 1973 zu einer Festigung des arabischen Staatensystems beigetragen haben. Der Krieg begann mit einem überwältigenden arabischen Erfolg bei der gelungenen Stürmung der Bar-Lev-Linie am Ostufer des Suez-Kanals. Dann änderte sich die Lage und drohte zu einer Niederlage Ägyptens zu werden, hätten die USA nicht interveniert (Einzelheiten TIBI, 1989, Kap. 5−6). Trotz des Einsatzes der ›Ölwaffe‹ (ebd., Kap. 7) war Saudi-Arabien weder 1967 noch 1973 direkt ein militärischer Kriegspartner, und dennoch war diese islamische Monarchie der eigentliche Sieger in beiden Kriegen. Araber sehen im Ende des Nasserismus den Beginn eines von Saudi-Arabien bestimmten Öl-Zeitalters, der *Pax Saudiana* (TIBI, 1996b). Mit ihren Petro-Dollars haben die Saudis nicht nur die außenpolitische Ausrichtung vieler arabischer Staaten, sondern auch die Infrastruktur der geistigen Produktion (Zeitungen, Verlage etc.) in der arabischen Welt, ja eine ganze Generation korrupter Schriftsteller und Journalisten aufgekauft. Auf diese Weise sind die Saudis seitdem in der Lage zu bestimmen, was in jener Region gesagt und geschrieben wird. Die *Pax Saudiana* ist das dunkelste Zeitalter der arabischen Geschichte. Ich nenne sie die ›kulturelle Wüste‹ (vgl. meinen Artikel in *St. Galler Tagblatt* vom 12. August 1994). Inzwischen wagen es die Saudis, bestimmen zu wollen, was über den Islam in Europa gesagt und geschrieben wird (vgl. dazu W.G. LERCH, in FAZ vom 21.2.1996). Bestimmte Europäer (z. B. Außenminister Kinkel) nennen das einen Dialog.

Der säkulare Nasserismus war die größte Bedrohung für die arabischen Öl-Scheichs und für ihren archaischen Wahhabismus, der ein Traditionalismus ist. Seit der Niederlage im Sechs-Tage-Krieg wurde der populistische Nasserismus von einem saudischen Dollar-Petrolismus im islamischen Gewand abgelöst. Die Saudis haben bisher Millionenbeträge an islamische Fundamentalisten gezahlt, nicht ahnend, daß diese nicht nur gegen den Säkularismus, sondern auch gegen den islamischen, archaischen Traditionalismus der Saudis gerichtet sind. Die Wüstenprinzen mußten erst die Erfahrung eines Golfkrieges, eines *Desert Storm*/Wüstensturms, machen, um dies zu erkennen. Die islamischen Fundamentalisten standen nämlich auf der Seite Saddam Husseins (PISCATORI, 1991, TIBI, 1993a, Teil 4). Gegen die Saudis verlor Nasser seinen Kalten Krieg und Saddam Hussein seinen heißen Golfkrieg; Nasser war eine Tragödie, Saddam wohl eher eine Farce. Die Saudis sind hierbei die Karikatur des Arabers.

Es ist kein arabisches Verschwörungsdenken, wenn man davon ausgeht, daß die USA beim Niedergang Nassers und Saddam Husseins die Karten gemischt haben. Wer die Details kennt, versteht die antiwestliche Stimmung unter den Arabern. In dem Spiel geht es natürlich um die Wechselwirkung lokal-regionaler und auswärtiger westlicher Akteure. Erkennt der Beobachter dies nicht an, dann verfällt er dem arabischen Verschwörungssyndrom (TIBI, 1993a).

Im Gefolge von vier arabisch-israelischen Kriegen um Palästina, des Libanonkrieges sowie zweier Golfkriege, von denen der eine nur scheinbar innerarabisch war, begann ein Friedensprozeß (MASSALHA, 1994, und WOLFFSOHN, 1994). Auf der Basis der gegenwärtigen politischen Bedingungen läßt sich voraussagen, daß es in absehbarer Zeit keine zwischenstaatlichen Kriege im Nahen Osten mehr geben wird. Das bedeutet aber nicht das Ende der Gewalt im arabischen Staatensystem.

Welche Folgen wird dieser scheinbare Frieden haben? Die meisten Staaten des arabischen Staatensystems sind delegitimiert (SONN, 1990: 160ff.); zudem werden sie von dem fundamentalistischen Ruf nach einem islamischen System/*Nizam Islami* als Alternative zu den bestehenden Ordnungen bedroht. Nur wenn die arabischen Staaten durch wirtschaftliche Erfolge und Integration ihre eigenen Bevölkerungen von ihren Leistungen überzeugen können, d. h. an Legitimität gewinnen, hätten sie eine Chance, den Test zu bestehen. Bis dahin bleiben Krisen und Fragmentation das zentrale Merkmal des arabischen Staatensystems. Die Gewalt ist nicht mehr zwischen-, sondern binnenstaatlich. Der Bürgerkrieg im Sudan, der gewaltförmige Kampf um die Staatsmacht in Algerien, die Drohung einer Dreiteilung des Irak u.ä.m. (hierzu in der Reihenfolge Kap. 9, 11 u. 13 in: TIBI, 1993a, DTV-Ausgabe 1994) sind keine Beispiele für Frieden; eher reflektieren sie den inneren Zustand des arabischen Staatensystems. Statt darüber nachzudenken, wie man diese Probleme lösen kann, sprechen die islamischen Fundamentalisten von einer westlichen Verschwörung gegen den Islam als Ursache der Krise. Diese Fundamentalisten ereifern sich darin, sich gegenseitig, bzw. ihre Regierungen, der ›Ungläubigkeit‹ zu bezichtigen. Die *Takfir* (Erklärung zum Ungläubigen) gehört beispielsweise zu den Haupterscheinungen in der politischen Kultur Ägyptens (ABU-ZAID, 1995). Diese besorgniserregende Realität erlebe ich beim Schreiben dieser Zeilen in Ägypten während des Ramadan 1996. Selbst eine Größe wie der Nobelpreisträger für Literatur, Nagib Mahfuz, bleibt nicht von der Drohung der *Takfir* und ihren Folgen (Zwangsscheidung von seiner Frau oder sogar Mord) verschont.

Der ägyptische Diplomat Mursi diskutiert die Alternativen ›einer Erneuerung des arabischen nationalen Projekts und eines umfassenden neuen Nahen Ostens‹, vor denen das arabische Staatensystem steht. In diesem Rahmen fragt er nach den Ursachen des schlechten Zustands des arabischen Staatensystems. Er zitiert hierbei ein chinesisches Sprichwort, in dem empfohlen wird, man solle sich im Spiegel anschauen, wenn es einem schlecht geht, um bei sich selbst nach den Ursachen zu suchen. Die Verleugnung der Legitimität bestehender Nationalstaaten durch deren panarabische Einstufung als transitorisch, d. h. als Übergangslösung bis zur endgültigen Entstehung des romantisch ersehnten großen panarabischen Staates (vgl. Einführung zum ersten Teil), gehört wohl zu den zentralen Quellen innerarabischer Querelen im Staatensystem. Botschafter Mursi führt aus:

> ›Einige arabische Führer pflegen die Schuld bei anderen zu suchen und hierbei ihre Wahrnehmung von einer neuen Verschwörung zu übertreiben, anstatt ihre politischen Handlungen einer kritischen Selbstbetrachtung zu unterziehen. Damit will ich in meiner Analyse keineswegs externe Faktoren unterbewerten‹ (MURSI, 1995: 179).

Der ägyptische Diplomat plädiert in seinem in Kairo erschienenen Buch für eine *Aqlaniyya Hurrah*, d. h. für eine Rationalität, die frei ist von allen Fesseln, vor allem von denen

> ›der Verherrlichung der arabischen Größe der Vergangenheit, die sich nicht wiederherstellen läßt. Wir müssen eine reale Zukunftsvision entwickeln‹ (ebd.: 182).

Ich möchte meine Studie des arabischen Staatensystems mit diesem Spruch eines rational denkenden, in der Region lebenden arabischen Diplomaten sowie mit einem Hinweis auf eine arabische Analyse vom Kairoer *al-Ahram-Center* über die miserable Lage des arabischen Staatensystems abschließen (M.S. SAID, 1992), damit niemand meiner Analyse ›eurozentrische Töne‹ unterstellen kann. Und noch einen weiteren aufgeklärten Araber möchte ich zitieren: den einstigen Direktor dieses prominentesten ›Center‹ in der arabischen Welt, Sayyid Yasin. Dieser aufgeklärte arabische Muslim hat in Kairo − frei von solchen Tönen − kritisch von jenen arabischen Muslimen, d. h. den Fundamentalisten, gesprochen, die sich in ihrer ›Revolte gegen die Moderne und die Globalisierung‹ − wie Yasin schreibt − ›auf die aggressiven Sprüche gegen den Westen‹ sowie auf ›die Erklärung jener Muslime, die nicht mit diesen übereinstimmen, als Ungläubige‹ (YASIN, 1996: 212−228) spezialisiert haben. Diese Betonköpfe rational zu kritisieren, ist keine Eurozentrik. Ich habe die Erfahrung gemacht, daß man heute selbst in Deutschland schnell diesem Verdacht ausgesetzt wird. Als arabischer Wissenschaftler möchte ich mein Buch während des Fastenmonats in Kairo mit diesen Zeilen abschließen.

Bibliographie der zitierten Literatur

Sehr empfehlenswerte Nachschlagewerke – parallel zur Lektüre dieses Bandes –, an denen dieser Verfasser mitgewirkt hat und die zudem Länder-Artikel zu allen arabischen Staaten enthalten, sind:
1) *The Oxford Encyclopedia of the Modern Islamic World* (Hg. John Esposito), 4 Bde., New York 1995; hierin vom Verf. in Bd. 1: Authority and Legitimacy, S. 155-160,
und aus der Perspektive der Demokratie:
2) *The Encyclopedia of Democracy* (Hg. S.M. Lipset), 4 Bde., Washington D.C. 1995; hierin vom Verf. in Bd. 2: Fundamentalism, S. 507-510.

Zitierte Literatur (engl., arab., franz., deutsch):

ABU-ZAID (1993), NASR HAMID: Naqd al-Khitab al-Dini (Kritik der religiösen Argumentationsweise), Kairo (3. Aufl. 1995), dt. Übers.: Islam und Politik, Ffm. 1996.

ABU-ZAID (1995), NASR HAMID: al-Tafkir fi zaman al-Takfir (Das Denken im Zeitalter der Erklärung zum Ungläubigen), Kairo.

ABU-ZAID-FAHMI (1981), MUSTAFA: Fan al-Hukm fi al-Islam (Kunst der Herrschaft im Islam), Kairo.

AGWANI (1969), M. S.: Communism in the Arab East, Bombay.

AJAMI (1981), FOUAD: The Arab Predicament, Cambridge.

ANDERSON (1987), LISA: The State and Social Transformation in Tunisia and Libya 1830-1980, Princeton/N.J.

ANSARI (1986), HAMIED: Egypt. The Stalled Society, Albany/N.Y.

ARON (dt. 1986, franz. 1962), RAYMOND: Frieden und Krieg, Frankfurt/M.

ASCHMAWI (1987), MOHAMMED SAID: al-Islam al-Siyasi (Der politische Islam, Kairo, zahlreiche Auflagen).

ASCHMAWI (1990), MOHAMMED SAID: al-Khilafah al-Islamiyya (Das islamische Kalifat), Kairo.

AL-AWWA (1983), MOHAMMED SALIM: Fi al-Nizam al-Islami lil-dawla al-Islamiyya (Über das politische System des islamischen Staates), Kairo.

BARAKAT (1985), HALIM: Contemporary North Africa, Washington.

AL-BAZZAZ (1964), ABDULRAHMAN: Hadhihi Qaumiyatuna (Das ist unser Nationalismus), Kairo.

BE'ERI (1969), ELIEZER: Army Officers in Arab Politics and Society, London.

BENDIX (1980), REINHARD: Könige oder Volk. Machtausübung und Herrschaftsmandat, 2 Bde., Frankfurt/M.

BINDER (1958), LEONARD: The Middle East as a Subordinate International System, in: World Politics, Bd. 10, H. 3, S. 408-429.

BINDER (1964), LEONARD: The Ideological Revolution in the Middle
East, New York.

BINDER (1976), LEONARD (Hg.): The Study of the Middle East. Research
and Scholarship in Humanities and Social Sciences, New York.

BLANKINSHIP (1994), K. Y.: The End of the Jihad State, Albany/N.Y.

BREUILLY (1985), JOHN: Nationalism and the State, Chicago.

BROWN (1984), L. CARL, International Politics and the Middle East,
Princeton/N.J.

BULL (1977), HEDLEY: The Anarchical Society. A Study of Order in
World Politics, New York.

BULL, HEDLEY/WATSON, ADAM (1984), (Hg.): The Expansion of International Society, Oxford.

CHASE-DUNN (1989), CH.: Global Formation, Cambridge/MA.

CORM (1988), GEORGES: Fragmentation of the Middle East, London.

CROWL (1986), PHILIP: Alfred Th. Mahan. The Naval Historian, in:
Peter Paret (Hg.), Makers of Modern Strategy, Princeton/N.J., S. 444 ff.

DAVIDSON (1963), RODERIC: Where is the Middle East, in: R. H. Nolte
(Hg.), The Modern Middle East, New York, S. 13 − 29.

DAVIS-WILLARD (1978), ERIC: Theory and Method in the Study of Arab
Nationalism, in: Review of Middle Eastern Studies, Bd. 3, S. 18-31.

DEUTSCH (1966), K. W.: Nationalism and Social Communication. An
Inquiry into the Foundations of Nationality, Cambridge/MA.

DIERKE (1996), KAI: Krieg und Ordnung, Frankfurt/M.

DRYSDALE, A./BLAKE, G. H. (1985): The Middle East and North Africa.
A Political Geography, New York u. Oxford.

DUNN (1995), JOHN: Contemporary Crisis of the Nation-State?, Oxford.

AL-DURI (1983), ABDULAZIZ: Demokratie als Gegenstand des arabischen
politischen Denkens (auf Arabisch in: Center for Arab Unity Studies
(Hg.), al-Demoqratiyya wa huquq al-Insan fi al Watan al-Arabi (Demokratie und Menschenrechte in der arabischen Welt), Beirut, S. 191-221.

ENAYAT (1982), HAMID: Modern Islamic Political Thought, Austin.

ESMAN, MILTON J./RABINOVICH, ITAMAR (1988), (Hg.): Ethnicity, Plura-
lism, and the State in the Middle East, Ithaca.

VAN ESS (1991), JOSEF: Theologie und Gesellschaft im 2. und 3. Jahrhundert Hidschra. Eine Geschichte des religiösen Denkens im frühen Islam,
Bd. 1, Berlin.

FARAH (1987), TAWFIC: Pan-Arabism and Arab Nationalism, Boulder/Col.

AL-FARSY (1978), F. : Saudi-Arabia, London.

FROMKIN (1989), DAVID: A Peace to End all Peace. The Fall of the
Creation of the Modern Middle East, New York.

GERMANN (1968), RAIMUND E.: Verwaltung und Einheitspartei in Tunesien, Zürich.

GIBB (1982), HAMILTON A. R.: Studies on the Civilization of Islam, Princeton/N.J.

GIDDENS (1987), ANTHONY: The Nation-State and Violence, Berkeley/CA.

GOLDBERG (1993), ELLIS u. a.: Rules and Rights in the Middle Eastern Democracy, Law and Society, Seattle und London.

GRAZ (1990), LIESL: The Turbulent Gulf, London.

HAAS (1975), MARIUS: Hussains Königreich, Jordaniens Stellung im Nahen Osten, München.

HABIB (1978), JOHN S.: Ibn Saud's Warriors of Islam. The Ikhwan, Leiden.

HALLIDAY (1990), FRED: Revolution and Foreign Policy. The Case of South Yemen, Cambridge.

HANF (1990), TH.: Koexistenz im Krieg. Libanon, Baden-Baden.

HARRIS (1986), LILLIAN C.: Libya. Qadhafi's Revolution and the Modern State, Boulder/Col.

HENLE (1964), HANS: Der neue Nahe Osten, Hamburg.

HILLAL, ALI E./MATAR, DJAMIL (1983): al-Nizam al-Iqlimi al-Arabi (Das arabische Regionalsystem), Beirut − 3. erw. Aufl.

HINNEBUSCH (1988), RAYMOND: Egyptian Politics under Sadat, Boulder/Col.

HIRST, DAVID/BEESON, IRENE (1981): Sadat, London.

HODGSON (1974), MARSHALL G. S.: The Venture of Islam. Conscience and History in a World Civilization, 3 Bde., Chicago.

HOUBEN (1996), ANKE: Die zivilisatorische Staatengesellschaft. Eine Studie über Zivilisation und internationale Politik am Beispiel des Nahen Ostens, Göttingen − Diss. − 1996.

HUBEL (1995), HELMUT: Das Ende des Kalten Krieges im Orient, München.

HUDSON (1968), MICHAEL: The Precarious Republic. Modernization in Lebanon, New York (Neudruck Boulder/Col.).

HUDSON (1976), MICHAEL: The Middle East, in: J. Rosenau (Hg.), World Politics, New York, S. 466-500.

HUDSON (1977), MICHAEL: Arab Politics. The Search for Legitimacy, New Haven.

HUNTINGTON (1968), SAMUEL P.: Political Order in Changing Societies, New Haven.

HUNTINGTON (1972), SAMUEL P.: Politische Modernisierung traditioneller Monarchien, in: Dirk Berg-Schlosser (Hg.), Die politischen Probleme der Dritten Welt, Hamburg, S. 203-217.

HUNTINGTON (1973), SAMUEL P.: Politische Entwicklung und politischer Verfall, in: Martin Jänicke (Hg.), Politische Systemkrisen, Köln u. Berlin, S. 260-294.

HUNTINGTON (1993), SAMUEL P.: The Clash of Civilizations? in: Foreign Affairs, Bd. 72 (1993), H. 3, S. 22-49.

AL-HUSRI (1963), SATI´: Ma Hiya al-Qaumiyya? (Was ist Nationalismus?), Beirut, Neudruck.

IBRAHIM (1982), SAAD EDDIN: The New Arab Social Order, Boulder/Col.

JACKSON (1977), HENRY E.: The FLN in Algeria. Party Development in a Revolutionary Society, Westport/Conn.

JACKSON (1990), ROBERT: Quasi-States: Sovereignty, International Relations, and the Third World, Cambridge.

JAMES (1986), ALAN: Sovereign Statehood. The Basis of International Society, London.

JANSEN (1986), JOHANNES J. G.: The Neglected Duty: The Creed of Sadat's Assassins and Islamic Resurgence in the Middle East, New York.

KAPLAN (1994), ROBERT D.: The Coming Anarchy, in: The Atlantic Monthly, Februar-Heft, S. 44-76.

KEDDIE (1983), NIKKI: An Islamic Response to Imperialism, Berkeley.

KEPEL (1984), GILLES: Le prophète et Pharaon. Les mouvements Islamists dans l'Egypte contemporaine, Paris (dt. Übers. München 1995).

KERR (1974), MALCOLM: The Arab Cold War, New York.

KHADDURI (1973), Majid: Arab Contemporaries. The Role of Personalities in Politics, Baltimore.

KHALIDI (1991), RASHID u. a. (Hg.): The Origins of Arab Nationalism, New York.

AL-KAHLIL (1989), SAMIR: Republic of Fear. The Politics of Modern Iraq, Berkeley.

KINROSS (1977), LORD: The Ottoman Centuries. The Rise and Fall of the Turkish Empire, New York.

KISCHLI (1970), MUHAMMAD: Kapitalismus und Linke im Libanon, hg., übersetzt u. eingeleitet von B. TIBI, Frankfurt/M.

LACKNER (1978), HELEN: A House Built on Sand. Saudi Arabia, London.

LAPALOMBARA, J./WEINER, M. (1972): Parteien und Parteiensysteme in der Dritten Welt, in: D. Berg-Schlösser (Hg.), Die politischen Probleme der Dritten Welt, Hamburg, S. 174-190.

LEWIS (1979), BERNARD: The Emergence of Modern Turkey, Oxford.

LORENZ (1990), JOSEPH: Egypt and the Arabs, Boulder/Col.

LUCIANI, G./SALAMÉ, GH. (1988), (Hg.): The Politics of Arab Integration, Bd. 4 von: Nation, State and Integration in the Arab World, London.

MACDONALD (1965), ROBERT: The League of Arab States, Princeton/N.J.

MACPHERSON (1967), C. B.: Drei Formen der Demokratie, Frankfurt/M.

MADDY-WEITZMAN (1993), BRUCE: The Crystallization of the Arab State System 1945-1954, Syracuse.

MARTIN (1984), LENORE: The Unstable Gulf, Lexington/MA.

MASSALHA (1994), OMAR: Towards the Long-Promised Peace, London.

MAYALL (1990), JAMES: Nationalism and International Society, Cambridge.

MAYFIELD (1971), JAMES: Rural Politics in Nasser's Egypt, Austin u. London.

McLOUGHLIN (1993), LESLIE: Ibn Saud. Founder of a Kingdom, New York.

MITCHELL (1969), RICHARD: The Society of the Muslim Brothers, London.

MOORE (1965), C. H.: Tunisia since Independence. The Dynamics of One-Party-Government, Berkeley.

MURSI (1995), MUSTAFA A.: al-Arab ala muftaraq al-turuq (Die Araber am Scheideweg), Kairo.

NISBET (1980), ROBERT: History of the Idea of Progress, New York.

OVENDALE (1984), RITCHIE: The Origins of the Arab Israeli Wars, London.

OWEN (1981), ROGER: The Middle East in the World Economy 1800-1914, London.

PARKER (1989), G.: The Military Revolution, Cambridge.

PAWELKA (1993), PETER: Der Vordere Orient und die internationale Politik, Stuttgart.

PEARSON (1970), FREDERIC: Interaction in an International Political Subsystem, in: Peace Research Society, Bd. 15, S. 73-99.

PERLMUTTER (1974), AMOS: Egypt. The Praetorian State, New Brunswick/N.J.

PETERSON (1988), ERIK: The Gulf Cooperation Council, Boulder/Col.

PISCATORI (1991), JAMES (Hg.): Islamic Fundamentalisms and the Gulf Crisis, Chicago.

PORATH (1986), YEHOSHUA: In Search of Arab Unity 1930-1945, London.

REINHARD (1983-1990), WOLFGANG: Geschichte der europäischen Expansion, 4 Bde., Stuttgart.

RODINSON (1975), MAXIME: Mohammed, Luzern.

ROSHWALD (1990), AVIEL: Estranged Bedfellows. Britain and France in the Middle East, New York.

RUBIN (1990), BARRY: Islamic Fundamentalism in Egyptian Politics, London.

RUDEBECK (1969), LARS: Party and People. A Study of Political Change in Tunisia, London.

RUSSET (1967), BRUCE: International Regions and the International System, Chicago.

SAFRAN (1961), NADAV: Egypt in Search of Political Community, Cambridge/MA.

SAID (1981), EDWARD: Orientalismus, Frankfurt u. Berlin.

SAID (1992), MOHAMMED S.: Mustaqbal al-Nizam al-Arabi ba'd Azmat al-Khalig (Die Zukunft des arabischen Systems nach der Golfkrise), Kuwait.

SAYIGH (1965), ANIS: Fi Mafhum al-za'amah al-Siyasiyya (Über das Verständnis der politischen Führung), Beirut.

SAYYID-MARSOT (1977), A.L.: Egypt's Liberal Experience, Berkeley/CA.

SCHACHT (1964), JOSEPH: An Introduction to Islamic Law, Oxford.

SELIGMAN (1992), ADAM: The Idea of Civil Society, New York.

SHARABI (1988, Paperback-Ausgabe 1992), HISHAM: Neopatriarchy. A Theory of Distorted Change in Arab Society, New York.

SMITH (1986), ANTHONY, The Ethnic Origins of Nations, Oxford.

SMITH (1978), W.C.: The Meaning and End of Religion, New York.

SONN (1990), TAMARA: Between Qur'an and Crown. The Challenge of Legitimacy in the Arab World, Boulder/Col.

SPRINGBORG (1989), ROBERT: Mubarak's Egypt. Fragmentation of the Political Order, Boulder/Col.

SULEIMAN (1967), M.S.: Political Parties in Libanon, New York.

TIBI (1973), BASSAM: Militär und Sozialismus in der Dritten Welt. Allgemeine Theorien und Regionalstudien über arabische Länder, Frankfurt.

TIBI (1980), BASSAM: Schwache Institutionalisierung als politische Dimension der Unterentwicklung, in: Verfassung und Recht in Übersee, Bd. 13, H. 1, S. 3-26.

TIBI (1981a), BASSAM: Die Verschiedenheit der politischen Systeme in der arabischen Region, in: K. Kaiser/U. Steinbach (Hg.), Deutsch-arabische Beziehungen, München, S. 13-26.

TIBI (1981b, erw. Neuauflage 1991), BASSAM: Die Krise des modernen Islams. Eine vorindustrielle Kultur im wissenschaftlich-technischen Zeitalter, München (erw. Neuaufl. mit umfangreichem Essay S. 202−279, Frankfurt/M. 1991).

TIBI (1984a), BASSAM: Orient und Okzident. Anmerkungen zur Orientalismus-Debatte, in: Neue Politische Literatur/NPL, Bd. 29, H. 3, S. 267-286.

TIBI (1984b), BASSAM: Vom ›Zentrum der Revolution‹ zum ›Zentrum des Petro-Dollars‹. Ägypten und Saudi-Arabien, in: Beiträge zur Konfliktforschung, Bd. 14, H. 2, S. 101-128.

TIBI (1985a, 3. Aufl. 1991), BASSAM: Der Islam und das Problem der kulturellen Bewältigung sozialen Wandels, Frankfurt/M.

TIBI (1985b), BASSAM: A Typology of Arab Political Systems, in: Samih K. Farsoun (Hg.), Arab Society. Continuity and Change, London, S. 48-64.

TIBI (1986), The Iranian Revolution and the Arabs. The Quest for Islamic Identity and the Search for an Islamic System of Government, in: Arab Studies Quarterly, Bd. 8, H. 1, S. 29-44.

TIBI (1987a, Neuauflage 1991), BASSAM: Vom Gottesreich zum Nationalstaat. Islam und panarabischer Nationalismus, Frankfurt/M.

TIBI (1987b), BASSAM: Politische Ideen in der Dritten Welt während der
Dekolonisation, in: Pipers Handbuch der politischen Ideen, hg. von I.
FETSCHER/H. MÜNKLER, München, 5 Bde., hier Bd. 5, S. 361-402.

TIBI (1989, Neuauflage 1991), BASSAM: Konfliktregion Naher Osten. Regionale Eigendynamik und Großmachtinteressen, München.

TIBI (1990), BASSAM: The Simultaneity of the Unsimultaneous. Old Tribes and Imposed Nation-States in the Modern Middle East, in: Tribes
and State Formation in the Middle East, hg. von PH. KHOURY u. J.
KOSTINER,, Berkeley, S. 127-152.

TIBI (1992a, unveränderte Neuauflage 1993), BASSAM: Die fundamentalistische Herausforderung. Der Islam und die Weltpolitik, München.

TIBI (1992b, Neuauflage 1993), BASSAM: Islamischer Fundamentalismus,
moderne Wissenschaft und Technologie, Frankfurt.

TIBI (1993a), BASSAM: Die Verschwörung. Das Trauma arabischer Politik, Hamburg (aktualisierte DTV-Ausgabe München 1994).

TIBI (1993b), BASSAM: Conflict and War in the Middle East, London
und New York.

TIBI (1993c), BASSAM: Politische Opposition in Westasien und Afrika,
in: W. Euchner (Hg.), Politische Opposition, Göttingen, S. 155-172.

TIBI (1993d), BASSAM: Politisches Denken im klassischen und mittelalterlichen Islam, in: Pipers Handbuch der politischen Ideen, 5 Bde., München, hier: Bd. 2, S. 87-140.

TIBI (1994), BASSAM: Das Mittelmeer als Grenze oder als Brücke Euro-
pas zur Welt des Islam, Stuttgart (Hefte der Vortragsreihe der Bosch-
Stiftung: Umbrüche u. Aufbrüche. Europa vor neuen Aufgaben).

TIBI (1995a), BASSAM: Krieg der Zivilisationen. Politik und Religion zwischen Vernunft und Fundamentalismus, Hamburg.

TIBI (1995b), BASSAM: Der religiöse Fundamentalismus, Mannheim
(Meyers Forum, Bd. 34).

TIBI (1995c), BASSAM: Fundamentalismus und Totalitarismus, in: R.
Saage (Hg.), Das Scheitern diktatorischer Legitimationsmuster, Berlin,
S. 305-318.

TIBI (1996a), BASSAM: Strukturelle Globalisierung und kulturelle Frag-
mentierung, in: Internationale Politik, Bd. 51, H.1, S. 29-36.

TIBI (1996b), BASSAM: Fünf Jahre nach dem Golfkrieg. Pax Saudiana
oder eine Mittelmeer-Friedensordnung, in: MUT, März-Heft, S. 48−57.

TIBI (1996c), BASSAM: Der wahre Imam. Der Islam von Mohammed bis
zur Gegenwart, München.

TROELLER (1976), GARY: The Birth of Saudi Arabia, London.

TSCHIRGI (1991), DAN u. TIBI, BASSAM: Perspectives on the Gulf Crisis,
Cairo Papers, Bd. 14, Cairo

Tschirgi (1994), Dan; Hg.: The Arab World Today, Boulder/Col.
(darin: B. Tibi: Redefining the Arab and Arabism, S, 135–146).

al-Wardi (1972), Ali: Soziologie des Nomadentums, Neuwied (Orig.,
arab.: Bagdad 1965).

Waterbury (1970), John: The Commander of the Faithful. The Moroc-
can Political Elite, New York.

Waterbury (1978), John: The Middle East and the New Economic
Order, in: R. el-Mallakh, Hg., The Middle East in the Coming Decade,
New York.

Watson (1992), Adam: The Evolution of International Society, London.

Watt (1968), W. Montgomery: Islamic Political Thought, Edinburgh.

Watt (1991), W. Montgomery: Muslim-Christian Encounters. Percep-
tions and Misperceptions, London.

Weber (1964[3]), Max: Soziologie, Weltgeschichtliche Analysen, Politik,
hg. von J. Winckelmann, Stuttgart.

Wittfogel (1962), Karl: Die orientalische Despotie, Köln.

Wolffsohn (1994), Michael: Frieden jetzt? Nahost im Umbruch,
München.

Yahya (1966), Djlal: al-Thaura wa'l-tanzim al-Siyasi (Die Revolution
und die politische Organisation), Kairo.

Yasin (1996), Sayyid: al-Kauniyya wa al-Usuliyya wa ma ba'd al-Hada-
tha (Globalismus, Fundamentalismus und Postmoderne), Kairo.